对外开放新格局下陕西经济
高质量发展研究系列丛书

陕西高校青年创新团队建设项目（陕教2019〔90〕号和22JP026）、陕西省社科著作出版资助项目（2022SKZZ019）、西安翻译学院校级科研团队建设项目（XFU21KYTDA01）、陕西省科技厅软科学研究计划项目（2023-CX-RKX-026）、西安翻译学院“双一流”建设项目。

对外开放新格局下陕西金融业改革与开放发展研究

李平女 著

Research on the Reform and Development of Finance in Shaanxi Province Based on the New Opening Pattern

中国经济出版社
CHINA ECONOMIC PUBLISHING HOUSE
·北京·

图书在版编目（CIP）数据

对外开放新格局下陕西金融业改革与开放发展研究／李平女著．--北京：中国经济出版社，2023.8

ISBN 978－7－5136－7418－8

Ⅰ.①对… Ⅱ.①李… Ⅲ.①地方金融－金融改革－研究－陕西 Ⅳ.①F832.741

中国国家版本馆 CIP 数据核字（2023）第 153339 号

责任编辑　杨元丽
责任印制　马小宾
封面设计　任燕飞设计

出版发行　中国经济出版社
印 刷 者　河北宝昌佳彩印刷有限公司
经 销 者　各地新华书店
开　　本　710mm×1000mm　1/16
印　　张　13.75
字　　数　183 千字
版　　次　2023 年 8 月第 1 版
印　　次　2023 年 8 月第 1 次
定　　价　69.00 元
广告经营许可证　京西工商广字第 8179 号

中国经济出版社 **网址** www.economyph.com **社址** 北京市东城区安定门外大街 58 号 **邮编** 100011
本版图书如存在印装质量问题，请与本社销售中心联系调换（联系电话：010－57512564）

总 序

开放是人类文明进步的重要动力，是世界繁荣发展的必由之路。全面贯彻新发展理念，必须全面提高对外开放水平，建设更高水平开放型经济新体制，形成国际合作和竞争新优势。党的二十大报告提出要推进高水平对外开放，稳步扩大规则、规制、管理、标准等制度型开放，加快建设贸易强国，推动共建“一带一路”高质量发展，维护多元稳定的国际经济格局和经贸关系。这充分表明中国的对外开放将不断向更大范围、更深层次、更广领域持续推进。当前国际、国内环境发生了巨大变化，我们要以开放纾发展之困、以开放汇合作之力、以开放聚创新之势、以开放谋共享之福，推动经济全球化不断向前。

陕西是亚欧大陆桥的重要支点，多条铁路、公路、航线在此交会，具有区位、科教、能源、文化、军工等优势。“一带一路”倡议，是时代赋予陕西开放发展千载难逢的历史机遇，也使陕西成为中国向西开放的前沿。作为不靠海、不沿边的内陆省份，陕西以开放促改革、促创新、促发展的思路，积极对接国家开放战略，抢抓机遇，放大优势，努力实现更大范围、更广领域、更深层次的对外开放，积极融入“一带一路”发展，坚持“引进来”与“走出去”相结合，围绕打造内陆改革开放高地目标，积极应对复杂严峻的国际贸易形势，推动陕西对外贸易迅速发展，对外开放水平大幅提升，经济外向度创历史新高。

党的十八大以来，陕西省对外开放成绩显著，外贸进出口取得了长足发展，外商直接投资实现了新飞跃。为补齐开放不足短板，陕西深度融入共建“一带一路”大格局，主动融入新时代西部大开发、黄河流域生态保护和高质量发展等国家战略，坚持以新发展理念推动高质量发展，为加快打造内陆改革开放高地提供了有力支撑。

一是进出口贸易呈现稳定增长态势。西安海关统计数据显示，2013—2021年全省累计实现进出口总值25080.06亿元人民币，年均增长19.8%，高于全国14.4个百分点。2022年1—8月，陕西省进出口贸易总值3207.7亿元人民币，较2021年同期增长3.6%。其中，出口1985.2亿元，增长21.9%；进口1222.5亿元，下降16.7%，同期贸易顺差762.7亿元。陕西省一般贸易进出口比重提升，对“一带一路”沿线国家、RCEP其他国家进出口保持增长。有实绩的外贸企业呈增长态势。截至2021年年底，陕西省进出口贸易伙伴共有221个国家和地区，尤其是韩国、中国台湾、美国、中国香港和日本五大贸易伙伴，2013—2021年在陕累计实现进出口总额16544.99亿元，年均增长23.8%。

二是“长安号”成为贸易“黄金通道”。中欧班列“长安号”国内“+西欧”线路达到19条，国际运输干线17条，基本覆盖欧亚大陆全境，覆盖“一带一路”沿线45个国家和地区。中欧班列高质量发展各项指标稳居全国前列，已成为运输时效最快、智能化程度最高、线路辐射最广、服务功能最全、综合成本最低的“五最班列”，集结中心在全国起到引领示范作用。

三是国际性综合交通枢纽建设加速。西安咸阳国际机场是中国北方第二大门户枢纽机场，西咸新区空港新城已联合机场累计开通全货运航线38条，其中，国际航线19条，覆盖首尔、东京、洛杉矶、莫斯科、布鲁塞尔、曼谷、德里等欧亚及北美13个国家18个城市，初步构建起“向西开放、向东集散、辐射全球”的航空网络。西安铁路枢纽是全国铁路六大枢纽之一，西安北站为亚洲最大火车站（18站台34线），将建成全国“米”字形高铁枢纽网，以西安为中心到主要省会城市的“高铁一日生活圈”初步形成。西安公路枢纽是全国公路六大枢纽之一，基本形成以“米”字形高速公路网和“一环十二辐射”为主骨架的公路网。

四是利用外资保持增长。2022年1—11月，陕西省新设外商投资企业274家，实际使用外资（FDI）13.6亿美元，超过2021年全年总量，为2021年全年的128.3%，规模居全国第19位；同比增长27.85%，增速居全国第12位。使用外资排前五位的分别是中国香港、英国、法国、韩国、日本。关中、陕北、陕南地区实际使用外资（不含国家天然气合作开发项目）分别占全省实际使用外资总额的92.08%、5.95%和1.97%。

随着“一带一路”建设的稳步推进，陕西对外开放迈出更大步伐，推动形成了“一核两翼四通道五中心多平台”的全方位联动开放新布局，自贸区、丝博会、欧亚经济论坛、杨凌农高会、秦创原等综合开放平台建设力度持续增大，与“一带一路”沿线国家的教育、文旅、医疗、考古、科技、媒体等多领域交流合作不断深化。但陕西的对外开放还存在区域内发展不平衡、产业结构仍需提升、开放创新动力不足等问题。如何破解陕西在对外开放新格局下面临的短板，政府、企业、高校等做了一系列的探索和研究。西安翻译学院作为一所地方高校，目前已发展成一所以文科、商科为主，以外语为特色，多学科协调发展，具有重要影响和鲜明特色的民办大学。近年来，学校积极服务地方经济发展，在学校相继获批国际经济与贸易、翻译、英语3个国家级一流专业建设点和11个省级一流专业建设点的背景下，学校的专业建设水平及服务地方经济发展的能力显著增强。对外开放新格局下陕西经济高质量发展研究系列丛书应运而生，此系列专著受到了陕西省社会科学界联合会和学校国家一流专业支持，主要从陕西口岸经济、陕西自贸区、陕西现代幸福服务业、丝路通道等方面展开深入研究，助力陕西经济高质量发展。

丛书的主要观点包括七个方面：一是口岸是国家的门户，自古以来，具有独特的政治、经济和文化属性，是打造内陆改革开放高地，激发高质量发展活力动力的重要平台和通道。对外开放新格局下，陕西应抢抓主动融入“一带一路”的黄金机遇期，探索陕西高水平开放路径和产业发展的核心优势，充分发挥口岸在开放型经济发展中的加速器和战略引擎作用。二是在中国推进更高水平的对外开放和推动高质量发展政策的进一步落实背景下，现代服务业将是社会发展水平提升的重要标志，陕西要瞄准国际标准，推动中国幸福服务业高质量发展，大力提升现代幸福服务业国际化水平，培育产业竞争新优势，促进经济迈向中高端水平。三是扩大对外开放同时为陕西金融业的改革与开放发展带来了前所未有的重大机遇和严峻挑战。陕西要从统筹金融资源、对接国家战略、深化金融供给侧改革、完善金融市场体系及加强金融监管协调方面提升陕西金融业综合竞争力，全力服务和融入新发展格局，实现陕西金融业高质量发展。四是陕西自贸试验区被赋予的责任是建设成为全面改革开放试验田，物流业的发展是重中之重。物流业要助力对外开放新格局，从物流政策框架构建、物流系统协同运作等方面促进陕西自贸试验区物流系统均衡、快速、稳定、可持续发展。五是数字经济作为新型的经济形态，要高质量服务贸易发展，尤其是在国内外复杂经济形势下，陕西要寻求适于发展跨境电商的优势产业，从跨境电商平台、跨境电商园区、产业基础、跨境物流、人才培养等方面寻找对策。六是自“一带一路”倡议提出以来，中欧班列为我国内陆城市的发展提供了动力支持，也为沿线国家经济发展搭建了桥梁。但中欧班列仍然存在运力不足、运输单据缺乏国际规则支撑、竞争激烈、往返班列失衡等问题，中欧班列的高质量发展对释放通道潜能，促进陕西对外开放和中欧市场的互联互通具有重要意义。七是提升对外开放水平，就必须强化世界眼光和世界市场意识。陕西要以更加开放的思维来对县域经济进行谋划布局，以陕西蓝田县为例，蓝田县要紧密对接陕西打造内陆开放新高地的新要求，形成“蓝田与西安共同成长，与世界良性互动”的主要方向、特色和追赶超越目标，发挥区位、交通、人文优势，实现“四化”全面发展。

此套丛书主要是西安翻译学院国际商学院基于学科专业发展方向，在一流学院建设经费、陕西省社科著作出版资助项目、陕西高校青年创新团队、校级科研团队建设的资助下出版的。研究人员分别从不同角度围绕对外开放新格局，为陕西经济高质量发展出谋划策。每本著作从选题、论证、撰写到最终成稿，都经过多次修改和完善。丛书的顺利出版，是对研究人员多年研究成果的总结。期望其对地方经济的发展有所参考，使更多的读者受益。

西安翻译学院校长 崔智林

2022年10月

序

“双循环”新发展格局是开放的“国内国际双循环”，是未来一段时期经济发展的首要任务，也是“十四五”时期金融改革发展的着眼点。“双循环”新发展格局的本质内涵是“独立自主、高水平开放”。金融业开放是构建新发展格局的必然要求。2020 年 4 月，习近平总书记来陕西考察时指出，开放不足是制约陕西发展的突出短板，并对陕西作出打造内陆改革开放高地的重要指示，为陕西加快改革开放、促进高质量发展提供了方向和遵循。首先，作为配置资源和宏观调控的主要工具，金融是现代经济的核心，金融制度是经济社会发展的基础性制度。金融资源的供给效率及宏观经济的稳健运行，是构建陕西现代经济金融制度的基本内容和目标所向。其次，陕西金融业的改革开放有助于市场信息搜集和传递效率的提升，进而促使生产要素的优化配置，实现陕西省经济结构优化升级。最后，深化陕西金融业改革开放，可以推动完善现代金融组织体系，发展壮大地方金融机构，构建完备的金融市场，更好地发挥金融杠杆作用，为市场主体利用陕西省内外金融资源和金融市场提供便利，对服务实体经济发展、推动陕西经济实现追赶超越具有重要的现实意义。总之，中国已进入高质量发展阶段，“双循环”新发展格局正在构建，金融业改革开放将成为打造陕西内陆改革开放高地的重要内容。积极主动打造陕西内陆金融改革开放高地，是推动陕西经济高质量发展的必然路径。

基于此，本书通过梳理有关金融业发展的理论、发展历程、发展现状等国内外文献资料，为陕西金融业改革与开放和经济高质量发展提供理论支撑；对陕西金融业改革与开放发展的制约因素、相对优势、良好机遇及面临的挑战等进行全面分析；并基于对外开放格局下陕西金融业的发展定位、改革内容、扩大开放的实施路径及对策进行深入分析研究，提出新发展格局下陕西金融业改革与开放发展的路径与对策。

前　言

开放是发展进步的必由之路。开放合作是一个国家和地区经济长远发展的必然选择。金融是现代经济体系的核心，是实体经济发展的命脉，金融业对外开放是近年来我国对外开放战略中的重要一环。1979 年，日本输出入银行在北京设立代表处，标志着我国金融对外开放的大格局在摸索中被慢慢打开。经过 40 多年的发展，我国金融开放的广度和深度不断拓展。习近平总书记指出，中国实施改革开放是中国共产党的一次伟大觉醒。从 1978 年的“国际大循环”到 2020 年的以“内循环”为主的“国内国际双循环”的转变，是我国领导人站在时代发展的新阶段，面对逆全球化趋势、全球经济长期停滞、老龄化问题及新冠疫情的多变复杂大背景下的智慧抉择，是由供给侧结构性改革到深挖需求潜力的需求侧改革的适时调整。40 多年的发展实践证明，改革开放是党和人民大踏步赶上时代的重要法宝，是坚持和发展中国特色社会主义的必由之路，是决定当代中国命运的关键一招，也是决定实现“两个一百年”奋斗目标、实现中华民族伟大复兴的关键一招。2013 年，“一带一路”倡议和自贸区建设规划的提出，开启了我国深化对外开放、发展开放型经济的新篇章。2020 年 5 月 22 日，全国两会《政府工作报告》明确指出，要坚定不移扩大对外开放，稳定产业链、供应链，以开放促改革、促发展。当前，推动形成

“双循环”新发展格局，将是未来一段时期经济发展的首要任务，也是“十四五”时期金融改革发展的着眼点。2020 年 11 月 15 日，《区域全面经济伙伴关系协定》（*Regional Comprehensive Economic Partnership*，RCEP）的正式签署，更是持续提升了全球贸易自由化水平和加速推动了中国的对外开放。

金融作为资本积累和技术创新的基础，为经济的发展发挥着重要支撑和引导作用。易纲（2019）指出，金融开放可以加速产业结构调整，提高资源配置效率，满足实体经济个性化、差异化的金融服务需求。贾宪军（2019）通过实证分析了金融开放对金融服务贸易竞争力影响后指出，金融开放能够通过提高金融服务贸易的出口增长优势、扩大出口贸易规模、增加对国内总产出的贡献以及增强贸易竞争优势等多个方面，显著提升一国金融服务贸易的国际竞争力。2019 年 7 月，国务院金融稳定发展委员会办公室发布的金融业对外开放措施“11 条”，对金融机构的准入条件或业务范围都予以大幅放宽，进一步落实“宜快不宜慢、宜早不宜迟”的扩大开放决策部署原则。2020 年 12 月 8 日，人民银行副行长陈雨露表示，在当前“双循环”的经济发展格局下，深化金融业高水平开放、优化金融改革开放布局，是我国金融高质量发展的新要求和新目标。

位于中国版图中心的陕西，处于承东启西的重要地理位置，是我国融入“一带一路”大格局的关键节点，在新一轮西部大开发和关中平原城市群发展规划下也迎来了开放发展的新契机和强动力。2020 年 4 月，习近平总书记来陕西考察时强调，突出基础性、根本性、全局性的重大改革举措，打造内陆改革开放高地。2020 年 7 月，习近平总书记再次来陕西考察并指出，陕西要深度融入共建“一带一路”大格局，使陕西再次成为对外开放的前沿和中国走向世界的重要门户。陕西金融业的改革与开放发展是陕西服务于“一带一路”建设和参与“双循环”的重要保障与有力支撑。近年来，金融业已逐步成为支撑和促进陕西实体经济发展的主导产业。中国人民银行西安分行统计数据显示，2019 年陕西金融业增加值为 1702.35 亿元，占当年陕西地区生产总值（25793.17 亿元）的比重为 6.6%，金融业增加值占服务业增加值的 13.59%，有力地支持了陕西实体经济发展。与此同时，陕西深化对外开放发展对陕西金融业的发展提出了新要求，在构建“双循环”新发展格局和打造陕西改革开放新高地的指引下，建设高水平开放型金融新体制，促进陕西金融高水平开放发展已成共识且已付诸行动，从而为陕西经济社会高质量发展提供有力的金融保障。

目 录

1 绪 论

1.1 研究背景

1.1.1 “双循环”对外开放新格局的形成

党的十九届五中全会审议通过《中共中央关于制定国民经济和社会发展第十四个五年规划和二〇三五年远景目标的建议》，提出加快构建以国内大循环为主体、国内国际双循环相互促进的新发展格局，这是党中央根据我国发展阶段、环境、条件变化，特别是基于我国比较优势变化，审时度势作出的重大决策。经过40多年的发展实践，改革开放已充分证明了其在决定当代中国命运中的关键地位，以及在实现“两个一百年”奋斗目标和中华民族伟大复兴中的关键作用。在经济全球化的今天，各国经济已发展成“你中有我，我中有你”高度融合、相互依存的关系，世界经济的联系也更加紧密。随着世界经济地位的持续上升，我国为其他国家提供了更加广阔的市场机会，更加有力地吸引着国际商品和要素资源的流入。坚定不移推进更高水平对外开放，仍然是现阶段构建我国新发展格局的必然选择和正确道路。

国内大循环的畅通离不开市场体系的高度完善与高效率运行。我国需要采用更多推动改革的办法，全方面、全角度打通各个堵点，畅通生产、分配、流通、消费之间的良性循环，有效激发各项改革的整体效应，强力推动新发展格局的构建。同时，我国要促进产业转型升级，加快现代产业体系建设，降低社会交易成本，建成高度规范、充分开放、公平竞争的国内统一大市场，优化营商环境，高标准实现营商环境的市场化、法治化和国际化。完善制度、更新观念，破除各种各样的妨碍和羁绊，消除各种形式的地方保护主义，增强各项审查制度刚性，实现生产要素市场化配置和商品服务跨区域流动，提高国内大循环效率，增强对全球资源要素的吸引力。另外，我国也要推进行业各竞争性环节的市场化改革，健全金融服务实体经济的体制机制，优化融资环境，支持民营经济发展，为畅通国内国际双循环提供有力支撑。

实现国内良性循环的同时，促进国际循环也是新发展格局构建的内在要求，最终实现开放的国内国际双循环。金融业对外开放是我国对外开放的重要领域和重要手段，也是我国经济发展的必然结果和现实需要。一方面“引进来”，吸引国际资本长趋势流入和国际金融机构的进入，为内循环提供充足的资本增量和专业金融服务；另一方面“走出去”，更加主动参与全球价值链、经贸体系和金融市场，推动外循环变革，充分利用国内、国际两个市场、两种资源，积极参与和实现国际市场大循环。推动金融开放，是实现我国全面开放措施落地的有力支撑。全力推动对外开放在范围、领域、层次上实现更大、更宽、更高水平，在贸易和投资上实现自由度更大、便利性更强，率先建立更高水平开放型经济体制，促进经济强劲、平衡、可持续、包容性增长。

1.1.2 “十四五”时期金融改革的主要任务

金融是实体经济的血脉，金融开放是我国对外开放格局的重要组成部分。高水平金融开放的不断扩大不仅是金融供给侧结构性改革的进一步深化，而且是实现国民经济高质量发展的内在要求。我国金融业持续健康发展要求金融业对外开放，推动金融对外开放是根据我国经济社会发展需要主动作出的正确选择。自党的十八大以来，党中央坚定不移地推动金融改革，优化金融监管体系。习近平总书记强调，

“要提高金融业全球竞争能力，扩大金融高水平双向开放，提高开放条件下经济金融管理能力和防控风险能力，提高参与国际金融治理能力”。扩大金融开放，全面引进外资可以倒逼国内各类金融机构在更加激烈的竞争中锐意进取，在产品创新、定价能力、客户服务、风险管理等短板领域深化改革，将强化金融服务与调控功能，强化金融服务实体经济的能力，更好地发挥金融加快我国经济高质量发展步伐的重要作用。自 2019 年 7 月 20 日国务院宣布推出 11 条金融业对外开放措施以来，中国的金融开放进入了全方位、立体化的进程当中，体现出中国金融开放政策的长期导向性。银保监会数据显示，截至 2020 年末，外资银行在华共设立外资法人银行 41 家、外国银行分行 116 家和代表处 144 家，营业性机构总数达 946 家，外资银行总资产达 3.78 万亿元。境外保险机构在华共设立外资保险机构 66 家、代表处 117 家和保险专业中介机构 17 家，外资保险公司总资产达 1.71 万亿元。

《中华人民共和国国民经济和社会发展第十四个五年规划和 2035 年远景目标纲要》（以下简称“‘十四五’规划”）制定了下一个 5 年和 15 年的我国经济社会发展的主要目标，推进贸易和投资自由化便利化，持续深化商品和要素流动型开放，稳步拓展规则、规制、管理、标准等制度开放，其中更大范围、更宽领域、更深层次的高水平开放型经济新体制基本形成是未来 5 年的重要发展目标。“十四五”规划就下一步金融开放提出，稳妥推进银证保、基金、期货等金融领域开放，深化境内外资本市场互联互通，健全合格境外投资者制度，稳慎推进人民币国际化。“十四五”规划还强调，要加快构建以国内大循环为主体、国内国际双循环相互促进的新发展格局，其中促进内需和外需、进口和出口、引进外资和对外投资协调发展是构建新发展格局的重要内容。“十四五”时期是深入推进“一带一路”迈向高质量发展的关键时期，也是陕西省进一步扩大全方位开放的重要战略机遇期。

2021年9月24日，《陕西省“十四五”金融业高质量发展规划》（以下简称《金融规划》）正式印发实施。《金融规划》从完善地方金融服务体系、创建科创金融改革试验区、服务实体经济转型升级、提高直接融资比重、推动区域金融差异化发展、深化国际金融合作、加强金融人才建设、维护金融安全等方面，提出了陕西金融业发展的重点任务。“十四五”时期，陕西省金融业高质量发展坚持稳中求进工作总基调，围绕新发展格局，巩固金融业支柱产业地位，提升地方金融机构综合实力，加强金融服务实体经济能力、服务百姓普惠金融能力和金融风险防控处置能力，基本形成整体实力雄厚、区域布局合理、组织体系健全、市场功能完善、运行秩序稳定的“大金融”格局。具体目标：一是金融业贡献度稳步提升。到2025年末，金融业增加值达到2900亿元，年均增速达到9%，金融业增加值占地区生产总值比重提高到8%左右，金融业资产规模达到8万亿元。二是金融业综合实力不断增强。推动地方法人金融机构做强做优。引入国际、国内一流金融机构在陕西设立区域性或功能性总部。加大五类机构行业培育力度，支持地方资产管理公司和区域性股权市场做强做优。三是金融服务实体经济能力大幅提升。到2025年末，陕西省本外币存款突破7.5万亿元，贷款突破6.5万亿元，当年社会融资规模增量达到8000亿元以上。陕西省境内外上市公司数量力争达到120家，直接融资占社会融资规模增量比例达到30%。实现保费收入1600亿元，保险深度和保险密度分别为4.4%和4000元/人。普惠金融重点领域贷款余额占比力争达到15%。私募创投机构管理基金规模保持在1000亿元以上。四是金融生态环境持续优化。银行业不良贷款率稳定在全国平均水平以下，地方政府融资平台、大中型民营企业债务风险平稳化解，债券市场力争不发生违约事件。金融违法犯罪活动和非法金融活动得到有效遏制，陕西省金融秩序保持持续稳定。

《金融规划》的主要目标充分体现了中共中央、国务院关于金融服务实体经济的根本定位，体现了金融业助力陕西经济追赶超越的担当作为。在“开放”理念的贯彻上，《金融规划》提出全面融入“一带一路”倡议，为企业“走出去”提供金融支持，吸引境外金融机构来陕西设立相关机构，引导金融企业在陕西自贸区稳妥开展金融创新，推进人民币国际化。陕西金融业改革与开放发展的推进，既是自身行业发展的需要，也是服务实体经济、推动陕西经济结构改革和转型升级的需要。

1.1.3 深度融入共建“一带一路”大格局

共建“一带一路”，是我国扩大对外开放的重大举措和经济外交的顶层设计。自古以来陕西就是我国对外开放的重要门户，也是丝绸之路的起点，汉代张骞从古长安城出发打通了横贯东西、连接欧亚的重要通道。今天，作为“一带一路”的重要节点，陕西被国家赋予建设内陆改革开放高地和丝绸之路经济带重要通道、开发开放枢纽等重大任务，正处于追赶超越的重要阶段。习近平总书记要求陕西“打造内陆改革开放高地”，赋予陕西在新时代全国改革开放大局中更高远的定位、更光荣的使命。陕西应深度融入“一带一路”建设，在全球经济治理体系改革中发挥效能，促进全球经济循环体系更加紧密稳定，推动人类命运共同体的构建，与世界各国共抓全球化深入发展的机遇，共享全球化深入发展的成果。

“一带一路”倡议的深入实施，为陕西提供了从区域金融中心走向丝绸之路金融中心的良好契机。陕西按照“核心承载、区域融合、通道连接、优化升级”的思路，形成“定位明确、发展协调、开放共享、合作高效”的内陆开放高地，在空间和功能上形成“一核两翼四通道五中心多平台”的全方位联动开放布局。其中，作为“五中心”之一的“丝绸之路金融中心”将重点开展金融平台建设、金融服务模式创新、金融示范区建设等项目，其是陕西全面深入融入丝绸之路经济带发展的保障，在提升陕西金融开放水平、促进金融要素集聚、推进金融改革试点、鼓励金融业态创新等方面具有重要影响，将助力陕西省全领域持续开放。《西安丝绸之路金融中心发展规划》以深度融入丝绸之路经济带建设为统领，提出将西安建设成为与丝绸之路建设相适应、金融服务有效、资源配置有力、区域特色鲜明并具有国际竞争力和影响力的丝绸之路金融中心。《西安丝绸之路金融中心发展行动计划（2020—2022 年）》明确了金融机构壮大行动等 15 项重大行动共 57 项推进措施，为西安丝绸之路金融中心发展打基础、建框架、开格局，开启丝绸之路金融中心发展的新局面。2021 年 11 月 3 日，《陕西省"十四五"深度融入共建"一带一路"大格局、建设内陆开放高地规划》正式发布。该规划强调要将陕西建成丝绸之路经济带上的金融聚集区，成为具有重要影响、特色鲜明、辐射西部和欧亚国家的区域性金融中心，力争实现金融业增加值占地区生产总值比重增加至 8% 左右。

立足新发展阶段，面对百年未有之大变局，陕西将携手各方，聚焦重点、深耕细作，推动共建"一带一路"沿着高质量发展方向不断前进，通过政策沟通、设施联通、贸易畅通、资金融通和民心相通，推进经济大融合、发展大联动、成果大共享。陕西必须抢抓共建"一带一路"重大机遇，更加自觉服务构建新发展格局，认真落实政策沟通、设施联通、贸易畅通、资金融通、民心相通的要求，坚持对内对外、平台载体、硬件软件、外贸外资一起抓，打造国内大循环的重要支点、国内国际双循环的战略链接，把新时代中国全方位对外开放重要窗口这张名片叫得更响、擦得更亮。

1.1.4 新时代西部大开发的再次推进

2020 年 5 月 17 日，中共中央、国务院印发《关于新时代推进西部大开发形成新格局的指导意见》（以下简称《指导意见》），涵盖产业能源结构、交运网络建设、商贸开放合作、金融配套体系、生态环境治理等领域，提出将西部作为建成社会主义现代化强国战略目标的重要抓手。这是继 2000 年国家正式提出西部大开发战略 20 年后再次吹响新一轮西部大开发的号角，对开启全面建设社会主义现代化国家新征程具有重大而深远的意义。

《指导意见》第十五条明确提出，提高西部地区直接融资比例，支持符合条件的企业在境内外发行上市融资、再融资，通过发行公司信用类债券、资产证券化产品融资。在发行债券、并购重组、首次公开发行上市以及"新三板"挂牌等方面，对西部贫困地区企业开通了绿色通道。这不仅对西部地区的上市企业和准上市企业是利好消息，对于这条业务线上的券商、评级机构、律师事务所、会计师事务所、评估机构、担保公司、基金公司而言也都预示着未来西部会是个新市场，会有新的大客户产生。《指导意见》第十七条提出，支持商业金融、合作金融等更好为西部地区发展服务。引导金融机构加大对西部地区小微企业融资支持力度。落实无还本续贷、尽职免责等监管政策，在风险总体可控的前提下加大对西部地区符合条件的小微企业的续贷支持力度。金融机构特别是银行，在落实中小微企业融资问题时常会遇到一个难题，即对落实政策的意向与严控风险的职责相矛盾。如果能落实尽职即可免责的问题，对银行特别是地方商业银行落实对中小微企业放贷续贷会有一定促进作用，也会带来地方商业银行发展的良机。推进商业金融、合作金融在西部地区的发展，也会给其他金融机构、类金融机构，如保理、金融租赁、融资租赁、消费金融、小额贷款等机构带来新的市场空间。

不同的发展时期会给予我们不同的发展机遇，新一轮西部大开发的号角已经吹响，西部地区正迎来难得的发展机遇。作为西部 12 个省份的重要地区之一，陕西是西部大开发的第一梯队，在推进西部大开发形成新格局中扮演重要角色、发挥重要作用。《指导意见》的出台为陕西金融业改革与开放发展拓宽了渠道，壮大了市场，带来了机遇，陕西除顺势而为之外，也需极力抓住机遇。

1.2 研究价值

目前，在中国实现全面开放新格局的大背景下，作为西部核心省份，陕西金融开放是中国深化金融改革、推动陕西金融市场改革开放、顺应国家发展战略的必然选择。继“十三五”规划和党的十九大报告逐步明确金融开放的措施后，习近平总书记在2018年博鳌亚洲论坛上强调，中国将确保已宣布的重大金融开放举措尽快落地。如何更好地参与国家发展新格局的实施，保证陕西经济高质量发展并助推国家现代化建设，金融改革与开放发展成为陕西省金融业持续发展的重要保障。因此，本书基于金融开放发展的视角，探索在金融开放的大背景下，陕西金融开放并带动陕西经济高质量增长的对策与路径。

（1）通过总结文献与数据搜集，利用面板数据研究并分析陕西金融开放度、金融发展程度以及二者交互项是否对经济增长产生一定影响，即探索在金融开放大背景下，陕西经济增长效应是否受到该省金融发展程度的影响。

（2）基于不同维度金融发展水平，研究陕西金融开放水平对其经济增长的影响是否存在“门槛效应”，并且基于陕西金融发展水平，分析其目前金融开放度是否与之相适应，是否能够对本国经济增长产生积极效应。最终，根据分析提出针对性的政策建议，推进陕西实现金融开放并促进经济高质量增长。

（3）分析研究陕西金融开放发展的制约因素，构建陕西金融业改革与开放发展的可行路径，并给出陕西金融业改革与开放发展的对策措施。

1.3 国内外研究现状

1.3.1 金融开放与经济增长关系研究

马克思、恩格斯在他们的著作中强调：货币是第一推动力、最终推动力。1992年春天，邓小平同志在高度评价上海浦东新区实施

“金融先行”的做法时指出：“金融很重要，是现代经济的核心。”金融与经济就是相互支持和相互促进，金融创新促进经济增长，而经济增长的同时又会促进金融发展，进而实现金融、经济一体化发展。2002 年 2 月，中共中央召开的全国金融工作会议强调，“搞市场经济，就离不开发达的金融”，并从三个方面与时俱进、创造性地阐述了邓小平同志关于金融的理论：一是金融在资源配置中的核心作用；二是金融在调节经济中的重要作用；三是金融是国家经济安全的核心。

Goldsmith（1969）在《金融结构和金融发展》中提出的金融结构论对金融发展的路径以及规律进行了分析，是最早研究金融发展与经济增长的基础理论。其认为金融的发展就是金融结构的发展，并提出用金融相关比率这个指标对地区金融结构的发展程度进行测度。Goldsmith 提出由于金融工具以及金融机构的存在，使得投资水平突破自身储蓄的限制，再加上金融机构在资源配置中的高效率，使得金融发展推动了经济的增长。同时在经济发展较好的时期，金融上层结构具有较大的规模，这表现出金融发展与经济发展两者间具有的相互作用。Mackinnon 和 Shaw（1973）通过对发展中国家金融发展与经济增长之间关系的研究，提出了金融抑制论与金融深化论，并将政府过度干预金融活动看作抑制金融体系发展的重要因素，过度干预会导致金融发展无法发挥其对经济增长的正向作用，导致经济发展进入恶性循环，而金融开放可以消除国内市场的金融抑制，使得真实利率回归到竞争性均衡水平。同时其指出一国应当以金融领域改革带动经济改革，政府应减少对金融体系的干预，鼓励金融自由化。Levine（1997）通过研究并从市场摩擦角度指出，金融体系具有降低交易及信息成本、优化配置要素资源、积累财富资本及创新技术的功能，进而发挥金融发展对经济发展的推动作用。Wurgler（1999）指出金融开放能降低国内金融市场与国际金融市场的差异性，金融开放后国际市场一体化能够提高发展中国家的资本配置效率。

王广谦（1997）通过量化分析研究得出，金融对经济发展的贡献度约占20%。陈灵和徐云松（2011）通过实证分析2000—2009年我国西部省份发展数据得出，西部各省份金融发展对经济增长的贡献度均显著。李标等（2016）通过实证分析我国1998—2013年省级面板数据得出，金融集聚促进了经济增长。闫丽瑞和田祥宇（2012）对我国31个省份1978—2009年的数据进行研究发现，金融发展对经济增长的贡献率在东、中、西部地区存在差异，中部地区最大、西部地区最小。罗军（2016）研究认为，金融发展决定着FDI溢出效应，进而影响着对GDP的拉动作用，最终实现经济增长。陶雄华（2017）利用空间面板模型对2004—2014年我国31个省域的金融开放的经济增长效应和省域间的溢出效应进行了实证分析并发现，我国省域金融开放水平的空间联系较强且金融开放的经济增长效应及其空间溢出效应相当显著。易纲（2019）指出，金融开放可以加速产业结构调整，提高资源配置效率，满足实体经济个性化、差异化的金融服务需求。贾宪军（2019）通过实证分析金融服务贸易竞争力后指出，金融开放具有提高金融服务贸易的出口增长优势、扩大出口贸易规模、增加对国内总产出的贡献以及改善贸易竞争优势等优势，能够显著提升一国金融服务贸易的国际竞争力。董骥（2019）根据国际资本理论和方法，采用空间杜宾模型，通过研究金融开放水平对经济发展的效应得出，发展中国家的金融开放水平对自身经济发展的直接效应和对其他国家经济发展的溢出效应都具有显著正向影响，即发展中国家提高其金融开放水平，不仅有助于促进本国经济发展，而且对其他国家经济发展也具有积极的促进作用。张海军（2020）通过对长三角地区经济一体化发展研究发现，扩大金融开放有助于促进地区经济增长，且有助于缩小城市间金融开放水平的差距，能显著地促进地区产业结构合理化和高级化，极化度下降，进而促进区域经济的一体化发展。

1.3.2 金融开放增长效应的影响因素研究

Aizenman 和 Noy（2006）研究指出，贸易开放与金融开放相互影响，贸易开放度与资本流动存在显著的正向关系，贸易开放度较高的国家，金融开放度相应较高。Antras 和 Caballero（2007）研究指出，在资源配置不完善的情况下，促进金融市场的开放可以通过贸易开放实现。Aizenman（2008）对发展中国家金融发展进行研究后指出，政治因素与贸易开放会影响发展中国家的金融市场的开放，金融开放的选择必须基于贸易开放情况。Kim、Lin 和 Suen（2010）研究得出，贸易开放程度的提高对金融市场的影响具有时间效应，短期内金融市场会受到一定冲击，但长期内金融市场会得到促进和发展，同时指出，金融制度相对脆弱的经济欠发达国家可能受到更加严重的冲击。

贾根良（2019）运用马克思—明斯基金融不稳定性理论对金融开放效应进行研究得出，金融系统的稳固性、外汇市场的稳定性、政策作用的空间和经济的依附性都会影响金融开放的增长效应。李自若（2020）实证研究了全球 94 个国家和地区的金融贸易数据后指出，贸易的开放对提高金融开放水平切实有效，经济发展水平是决定制造业影响金融开放水平的重要因素，表现为低收入国家增加制造业出口会冲击金融市场，而高收入国家可以通过制造业的转型升级来促进金融市场开放。邓敏（2013）通过考察初始条件对开放增长和风险效应的作用表明，金融发展、制度质量、贸易开放和宏观经济政策等对金融开放的增长效应有显著门槛作用。杨继梅（2020）认为，一国金融开放效应受制于其金融的发展水平，提高金融发展水平可以在一定程度上抑制金融开放可能产生的风险。

1.3.3 金融发展对金融开放增长效应的影响研究

李泽广（2017）研究指出，多数发展中经济体能够从金融开放中取得较为显著的“数量效应”，但只有具备一定金融发展基础的经济体才能在金融开放中分享投资效率显著提升的收益。高洪民（2017）认为，金融效率的提高以及储蓄向投资和消费的转化，以及同时抓住国内外机遇，会不断地推动资本项目开放和提高资本输出能力。杨继梅（2020）研究指出，金融机构规模、金融市场规模、金融机构效率等都会不同程度地影响金融开放的增长效应，目前我国金融市场规模已进入金融开放促进经济增长的有效区间，而金融机构效率和金融结构尚未进入金融开放促进经济增长的有效区间。

1.3.4 文献评述

综上所述：①国内外学者对金融发展、金融开放及其与经济增长的相关性已经做了很多研究，为本书的研究和撰写提供了一定的理论基础和参考。但已有文献中的大多数将金融开放或金融发展聚焦在某一国家或某一大范围地区，较少具体到某一省份特别是西部欠发达省份。②已有文献中针对一国金融发展程度对金融开放及经济增长效应的影响的研究较多，但研究结论存在差异。其中，大多数观点认为金融发展程度越高的国家其金融开放及经济增长效应越强，但少数文章结论相反。③已有研究对金融开放发展程度的度量较单一，多数文章只采用金融规模、金融产品种类来代表金融整体发展与开放程度，缺乏对金融发展各维度的全面衡量。因此，对西部重要省份金融开放、金融发展以及经济增长之间的关系研究还具有一定的拓展空间，本书将基于金融发展的视角研究金融开放促进陕西经济高质量发展的效应及措施。

1.4 研究内容

本书研究内容共分为 13 章，具体内容安排如下：

第 1 章，绪论。从国家金融改革、打造内陆开放高地及现代服务业发展体系建设等方面阐述了相关研究背景，结合陕西经济社会现实列举了本书的主要价值，并在国内外相关研究文献综述的基础上，提出本书的主要内容、方法及创新之处。

第 2 章，对外开放新格局下陕西金融业改革与开放发展的理论依据。分别对经济全球化、改革开放、金融自由化及区域金融等理论的主要思想和观点进行了阐述。

第 3 章，金融业的基本范畴及现代化发展。阐述了金融业行业分类、现代金融业的产生及现代金融业的服务领域与发展趋势等基本知识。

第 4 章，陕西金融业改革与发展历程。从改革初始发展、改革跨越发展、改革深入发展及扩大开放发展 4 个阶段分别阐述了陕西金融业改革与发展的历程。

第 5 章，陕西金融业改革与开放发展的基本现状。分别从陕西金融业综合实力、地方金融改革进程、金融对外开放程度、金融服务实体力度及金融中心建设 5 个方面进行阐述。

第 6 章，对外开放新格局下陕西金融业改革与开放发展存在的问题。主要从金融组织类型、直接融资比重、法人金融机构竞争力、金融开放创新能力、金融机构海外布局及金融产业特殊方面进行分析。

第 7 章，对外开放格局下陕西金融业改革与开放发展的效应。从经济效应、社会效应和生态效应 3 个方面进行了分析。

第 8 章，对外开放新格局下陕西金融业改革与开放发展面临的机遇与挑战。机遇主要表现在国际、国内、金融业自身及区域等方面的战略政策上，挑战主要来自陕西对外经济竞争力、国外营商环境及企业境外融资条件等方面。

第 9 章，对外开放新格局下陕西金融业改革与开放发展的经验借鉴。从国外经验和国内经验两个角度进行总结，分别对美国、英国、日本、韩国等发达国家及我国上海、深圳两个发达地区的金融业开放发展历程进行了分析。

第 10 章，对外开放新格局下陕西金融业改革与开放发展的前景。

分别从陕西金融风险防控能力的提升，陕西金融业改革开放的广度、深度的拓展和速度的加快，以及陕西区域经济社会高质量发展等方面进行了分析。

第11章，对外开放新格局下陕西金融业改革与开放发展的路径。主要从统筹各类金融资源、对接国家发展战略、深化金融供给侧结构性改革、完善金融基础设施、优化金融市场体系、加强金融监管协调等方面进行了构建。

第12章，对外开放新格局下陕西金融业改革与开放发展的对策。针对陕西金融业改革与开放发展的问题与路径，提出加强政府政策引导和支持、促进贸易投资便利化改革、推动跨境人民币业务发展、加强数字金融改革与创新、推动金融机构海外拓展、注重金融风险防范治理、坚持金融绿色发展理念、重视高端金融人才队伍建设等对策建议。

第13章，结论与展望。对陕西省金融业改革与开放发展的研究进行总结，并从陕西金融业风险防控体系构建、金融生态建设、服务实体经济能力提升及开放程度向更高水平迈进等方面进行了展望和探讨，以期打造陕西金融业开放高地，推动陕西金融业高质量发展。

1.5 研究方法

1.5.1 理论与实际相结合的方法

通过对相关文献的研究与梳理，借鉴其中部分理论的研究成果，本书从理论上对金融业及其开放发展所涉及的概念范畴进行必要合理的界定和分析。同时，组织研究团队深入各金融市场进行实地调研，获取一手资料，全面分析陕西省金融市场发展的基本现状、制约因素及存在问题，结合国家经济发展战略和陕西省金融发展目标与特点，全面了解陕西金融开放发展的基本现状、存在问题与制约因素，提出促进陕西金融业改革与开放发展的对策建议。

1.5.2 定性与定量分析相结合的方法

本书将采用定性与定量分析相结合的方法对陕西金融业改革与开放发展进行研究分析。为形成科学的认识，明确研究主题与范围，针对金融开放、金融发展与经济增长之间的关系，影响陕西金融业改革开放涉及的外在因素等，将进行定性的说明。对金融发展和金融开放对经济增长的交互影响，以及不同维度金融发展变量相应的代表性指标，将进行定量分析，从而对陕西金融业改革与开放发展的相关问题有一个深层次的了解和把握。

1.5.3 规范分析与实证分析相结合的方法

实证分析方法主要涉及金融发展和金融开放对经济增长的交互影响与综合金融发展水平（FINDEV），将分别采用交互效应模型检验和熵值法。针对金融发展和金融开放对经济增长的交互影响，将采用交互效应模型检验，并选择两步系统 GMM 估计法对模型进行估计。针对陕西金融发展水平与金融开放对陕西经济增长的交互影响，需要将不同维度金融发展变量相应的代表性指标进行综合评价，最终得到 FINDEV。规范分析主要针对陕西金融业改革与开放发展的必要性和意义，结合国家新一轮开放发展战略展开，陕西金融业改革与开放发展是其参与国家战略和助推经济高质量发展的必要选择和重大举措。

1.6 研究路线

本书的研究路线见图 1 - 1。

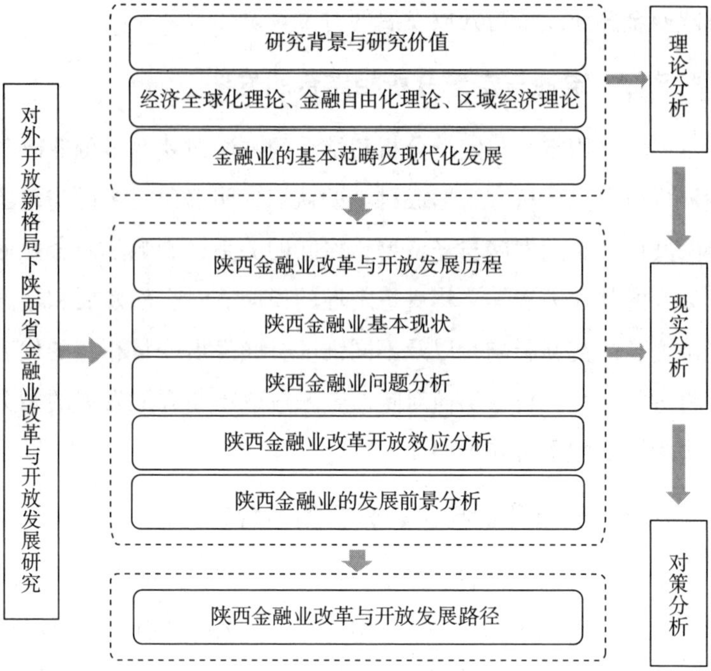

图1-1　本书的研究路线

1.7　创新之处

本书的创新之处体现在以下方面：

（1）基于经济发展视角研究金融改革与开放发展对陕西经济的增长效应。一方面，拓展了金融开放、金融发展与经济增长三者之间关系的理论研究体系；另一方面，能够得到金融开放与金融发展共同作用于经济增长的结果。

（2）从不同维度选取指标综合衡量陕西金融开放发展水平。从绿色金融、普惠金融、跨境金融、产业金融等方面分析陕西金融业开放发展水平，更贴合陕西经济开放发展现实，可提高研究的实际应用性。

（3）综合运用多种分析方法研究分析陕西金融改革与开放发展的制约因素，构建并提出陕西金融业改革与开放发展的可行路径和相关对策，为陕西经济高质量发展提供更多参考。

2

对外开放新格局下陕西金融业改革与开放发展的理论依据

2.1 经济全球化理论

1980年，特莱维（Theodore Levitt）在《市场的全球化》中第一次在经济学范畴内明确提出了“全球化”概念，即全球化本质上就是“商品、服务资本和技术在世界性生产、消费和投资领域中的扩散”。经济全球化是人类社会生产力发展的必然趋势，经济全球化的实质是全球经济市场化的过程。全球经济市场化意味着生产要素与资源在全世界范围内自由流动。各生产要素统一的全球市场形成后，全球的市场主体在生产要素等各种资源各个方面形成合作与竞争关系，各国之间相互融合，经济联系将日益紧密。经济的发展正在加深各国之间的各种联系，任何国家或地区都是经济全球化进程中的参与者和促进者。

市场机制已成为主导世界经济运行的基本规律，贸易一体化、生产一体化和金融全球化是经济全球化进程中的3个发展阶段，其相互联系并层层推进。贸易一体化和生产一体化必然产生金融全球化，金融全球化是经济全球化的高级阶段。当前，随着科学技术的发展和各国对外开放程度的提高，资本在各国之间的流动速度加快。金融全球化主要表现为金融市场全球化、金融交易全球化、金融机构全球化和金融监管全球化。

金融全球化随着经济全球化的发展也在不断加速。金融的全球化就是资金融通的全球化，世界的融资渠道与融资方式将变得更加广泛和多样化，使资金等要素资源配置在全球范围内实现更加优化和更高效率。可以说，要素的全球化流动和配置是金融全球化的基本要求和必然结果，并且扩大和增强要素的全球流动，也会促使金融全球化水平更高。然而，大量衍生金融产品也会随着金融全球化的推进不断开发上市，这势必增加国际金融风险和危机。但综合来看，金融开放不仅是一国参与经济全球化并获得更多机遇的前提条件，而且是一国更多分享要素资源全球化流动效益的重要渠道。总之，金融全球化是经济全球化的内在要求，也是经济全球化的高端形式。

邓小平同志基于对近代中国发展情况的分析和思考，总结出闭关自守是中国发展长期停滞不前的重要原因，并提出了重要的改革开放理论。改革开放理论明确指出中国的发展与对外开放存在密切的关系。邓小平同志曾多次深刻地指出："关起门来搞建设是不能成功的，中国的发展离不开世界。""科学技术是人类共同创造的财富，任何一个民族、一个国家，都需要学习别的民族、别的国家的长处，学习人家的先进科学技术。我们不仅因为今天科学技术落后，需要努力向外国学习，即使我们科学技术赶上了世界先进水平，也还要学习人家的长处。""我们要积极开展国际交流活动，加强同世界各国科学界的友好往来和合作关系。"邓小平同志多次反复强调对外开放的重要性。1992 年，邓小平同志在南方谈话中再三强调对外开放政策不能变。邓小平同志积极倡导对外开放，提出中国的对外开放要以推动世界和平与发展为思想，并指出吸收的国外资金、技术等对推动我国发展具有多方面的作用。

2.2 金融自由化理论

金融自由化理论中首次提出了金融开放的概念。金融自由化与金融抑制相对立，是指通过金融制度的改革，减弱政府对金融的过度干预，放宽对金融机构和金融市场的限制，增强金融融通资金、调控经济等功能的充分发挥，促进市场化利率和汇率的形成，实现利率对资金供求、汇率对外汇供求的真实反映，充分调动金融资源在市场的分配与利用，进而发挥金融服务和促进实体经济增长的重要支撑和推动作用。

20 世纪 70 年代，金融自由化或金融深化理论是美国经济学家罗纳德·麦金农（Ronald I. Mckinnon）和爱德华·肖（Edward S. Shaw），针对当时发展中国家普遍存在的金融市场不完全、资本市场严重扭曲和患有政府对金融的“干预综合征”影响经济发展的状况，在 1973 年先后出版的《经济发展中的货币和资本》和《经济发展中的金融深化》两部著作中首次提出的。金融自由化理论认为，金融抑制与金融发展相对立。发展中国家的“金融抑制”造成金融市场效率低下、资本市场扭曲等不合理的现象，并针对性地提出发展中国家应该放开金融抑制，促进国内金融的自由化，提高国内金融深化程度并最终实现经济的蓬勃发展与稳步增长。因而，金融开放的实际表现就是减少对金融的管制，即针对“金融抑制”这一现象，通过金融制度的改革，减少政府对金融的过度干预。

姜波克（1999）认为，金融开放度可分为两部分，即资本市场开放度和货币市场开放度。刘毅和曹锐钢（2006）提出，国际上通常以“资本是否被允许跨国界自由流动”的角度来定义金融开放，广义上包括资本账户开放和金融市场开放两个核心要素。具体来说，金融开放是指一国通过法律规定或政策指引的方式对以下两方面进行开放：一是资本账户与金融账户的开放，即逐步减少并消除国际上跨境资本流动的限制、放开国外直接投资或证券投资时汇兑的限制，这是金融开放的核心内容；二是对国内金融市场的开放，即金融服务贸易的自由化，允许其他国家或地区的居民和机构进入本国金融市场进行交易或其他金融活动，同时也允许本国居民和金融机构进入国际金融市场参与金融活动。陈雨露和罗煜（2007）提出，资本账户开放和金融市场开放是金融开放最核心的部分。娄伶俐（2011）认为，金融开放是与金融封闭相对立的概念，指的是国际金融自由化，即金融对外自由化。张小波（2012）认为，金融开放涉及的金融活动具体包括国际资本跨境流动、货币兑换、外国投资者的市场交易和金融业务的准入、本国居民在国际金融市场上的交易行为等。

推进金融自由化改革，能破解传统的诸多行政限制，使金融体制更加完善、更加市场化，金融机构各类业务活动的开展也会更加自由。金融自由化改革的主要内容包括放开利率管制、开放市场，放松或取消市场准入限制，减少金融机构业务范围限制，制定统一的金融产品和金融服务标准，降低金融产品和服务收费等。金融自由化具有促进金融发展，进而促进经济增长的积极作用；但同时，金融自由化也会加剧金融的脆弱性，进而引发金融危机甚至经济危机导致经济衰退，这两种情况体现了金融自由化的二重性。但理论与实证的综合分析结果表明，金融自由化的收益大于风险，推进金融自由化改革是有利于经济发展的。虽然金融自由化改革过程中会遇到各种阻碍和压力，但在金融全球化与经济全球化的趋势下，推进金融自由化既是必要选择也是必然选择。优化制度规则，合理安排金融自由化的相关政策规定，可以在减弱风险的同时增加收益，最优化实现金融自由化。这也正是中国进行金融市场化自由化改革的具体实践。

2.3 “大金融”理论

“大金融”概念由我国著名经济学家黄达先生在20世纪初期首次提出，而后经中国金融理论与实务界10余年共同推动与完善。2013年，中国人民大学校长兼中国人民银行货币政策委员会委员陈雨露和马勇博士共同撰写的《大金融论纲》中将“大金融”作为全球性命题正式提出，“大金融”框架系统基本建成。全球视野下的金融发展应该充分体现其战略定位，通过构建稳健、高效、统一的大国金融体系，有效支持国家产业结构升级、经济转型和社会优化，全面服务于大国经济和金融崛起的双重战略需要。

大国金融发展需要“大金融”理论的有效支撑。与传统理论相比，“大金融”突出强调了三个整体性：一是必须将金融和实体经济视为一个统一的整体，而不是孤立地看待两者间的关系；二是必须将整个金融体系视为一个统一的整体，而不是狭隘地考虑货币和信贷；三是必须将中国和全球的金融发展视为一个统一的整体，而不是封闭和静态地看待国内的金融发展。“大金融”理论框架不仅可以有效概括当前中国金融改革和发展所面临的若干核心问题，而且在政策路径的设计上充分体现了普遍规律和中国国情的有效结合，从而有利于确保中国的金融改革和发展始终沿着效率与稳定动态平衡的路径持续展开。

2.4 区域经济理论

区域经济理论在第二次世界大战后成为国际经济学研究的新领域。区域经济理论是以一定区域内的最大产出为目标，研究区域内生产资源优化配置和组合的学说，即在生产资源稀缺性的前提下，通过优化组合实现有限资源的产出最大化。区域经济理论是区域对外经济协调发展的理论基础，并成为区域经济快速发展的推动力。区域金融创新系统作为区域经济发展理论的构成部分，其主要通过提高区域资产的流动性、降低区域内外交易成本、减少价格风险等，达到促进区域经济增长的目的。

我国幅员辽阔，各省份各地区之间资源禀赋不同、经济金融发展水平均存在不同程度的差异。周立（2002）对中国各地区金融发展和经济增长的关系进行了实证分析后得出，在一定区域内，金融发展和经济增长之间存在着高度相关性。艾洪德（2004）通过实证研究发现，我国总体及东部地区的金融发展与经济增长之间存在正相关关系，而中西部地区金融发展和经济增长之间存在负相关关系。文玉春（2007）通过对山东省金融结构与经济增长关系的研究发现，山东省的经济增长与金融结构优化不构成互为因果的关系。葛小波（2007）研究认为，影响新疆金融发展的主要原因是新疆区域金融结构失衡以及区域金融资源配置效率不高。叶敏（2010）在《反哺与分配：金融中介对经济增长的影响》一文中指出了金融中介对经济增长及收入分配有一定的影响。

张军洲（1995）在《中国区域金融分析》一书中定义了区域金融的概念，探讨了区域金融结构的差异，并从金融机构行为和政府机构行为的角度，分析了我国区域金融行为的决策依据。殷德生（2001）以区域金融发展和区域金融结构为研究核心，通过分析我国的金融体系运行机制，构建了有利于区域金融发展的区域金融结构模型。周立和胡鞍钢（2002）通过构建模型，对改革开放20年来我国各省份金融资产相关比率进行计算发现，我国区域金融差距呈现先缩小后又扩大的特征，并指出加快中国金融业开放步伐是推动中国的金融市场化改革的必要环节。陈磊（2011）基于我国各省份细分行业贸易数据，构建了出口的外部融资依赖度指标，证实了对出口外部融资依赖程度越高的地区金融发展水平越高，并指出不同地区金融发展水平应与其经济发展特征相适应，以发挥金融服务与促进区域经济发展的功能。万欣荣（2011）运用GMM估计方法构建动态模型，通过对比分析中国东部、中部和西部三大区域年数据后得出，外商直接投资对中部、西部地区金融效率的提升作用并不明显，而东部地区最显著。张满银（2011）以外资银行的发展情况、金融生态环境综合指数及其灵敏要素分布情况为依据，合理划分大陆不同省份的金融生态，并提出各金融生态发展金融业的针对性指导建议。孙丽霞（2011）基于区域金融一体化视角，针对珠三角区域金融一体化的现状及其制约因素进行了客观分析，从金融制度和金融机制的完善与创新角度提出了对策建议。

2.5 本章小结

本章在对经济全球化理论、金融自由化理论、“大金融”理论、区域经济理论等进行研究及在对金融业改革与开放发展相关文献梳理的基础上，分析了陕西金融业改革与开放发展的理论依据及必要性和重要性。经济全球化促使资本等生产要素在全世界范围内自由流动，经济全球化的高级阶段是金融全球化，参与金融全球化的金融开放可为一国成功获得要素国际流动的效益创造条件。金融自由化认为发展中国家普遍存在金融市场不完全、资本市场严重扭曲和政府对金融过度干预等“金融抑制”现象，指出可通过金融制度改革促进金融市场化，从而促进金融对经济的支撑和推动作用。“大金融”理论主张在全球视野下，金融发展应通过构建稳健、高效、统一的大国金融体系，有效支持国家经济转型和产业发展。区域经济理论对我国总体及东西部地区的金融发展与经济增长进行分析，发现西部地区金融发展和经济增长之间却存在负相关关系，西部地区金融改革与发展是实现国家整体经济发展的重要组成部分，陕西作为西部重要省份，其金融市场改革与开放发展不仅是解决全国金融发展地区不平衡问题的关键，更是目前我国金融市场稳定扩大开放的重要内容。

总之，基于以上理论支撑，陕西金融业的改革与开放发展，可以引入战略竞争者和合作者，不仅能够丰富金融机构种类，增加金融服务种类，而且迫使中资银行在竞争的压力下，积极借鉴吸收外资银行的先进管理理念，进行业务创新，降低运营成本，使盈利目标从传统业务向中间业务和创新业务转变，最终激发“鲶鱼效应”，达到提高陕西金融机构效率、丰富服务产品、有效利用资源的目的，推动陕西高水平开放和经济高质量发展。

3

金融业的基本范畴及现代化发展

3.1 金融业行业分类

金融的英文为 finance，其词源为拉丁文 finis，其含义为“结束”，即“借贷结清”的意思。可见，finis 的本义是“货币资财及其管理”，有时也译为“财政”，表示“盈利与风险的平衡”“资产最优组合”“投资理论”“资本资产定价”等。

准确把握金融的含义，要注意三点：一是不能忽视金融的主体是融资活动。二是融资的主体、规模、结算方式与工具等，会由于融资活动的发展变化而日趋多元化、复杂化。三是从不同的角度分析往往有不同的定义，如从范围看，可分为狭义金融和广义金融，狭义金融多指货币资金的融通。而广义金融除涉及货币资金融通之外，还包含信托、投资、保险等及相关交易行为。

根据我国 2017 年公布的《国民经济行业分类》（GB/T 4754—2017），金融业可分为四大门类，分别是货币金融服务、资本市场服务、保险业、其他金融业，如表 3－1 所示。

表 3－1　金融行业分类

门类	序号	大类	序号	中类
金融业	1	货币金融服务	1	中央银行服务
			2	货币银行服务
			3	非货币银行服务
			4	银行理财服务
			5	银行监管服务
	2	资本市场服务	1	证券市场服务
			2	公开募集证券投资基金
			3	非公开募集证券投资基金
			4	期货市场服务
			5	证券期货监管服务
			6	资本投资服务
			7	其他资本市场服务
	3	保险业	1	人身保险
			2	财产保险
			3	再保险
			4	商业养老金
			5	保险中介服务
			6	保险资产管理
			7	保险监管服务
			8	其他保险活动
	4	其他金融业	1	金融信托与管理服务
			2	控股公司服务
			3	非金融机构支付业务
			4	金融信息服务
			5	金融资产管理公司
			6	其他未列明金融业

资料来源：《国民经济行业分类》（GB/T 4754—2017）。

3.2 现代金融业的产生

3.2.1 金融是商品货币关系发展的必然产物

金融的产生源于商品货币关系的发展需要，并随着商品货币关系的发展而发展。在商品经济发展初期，用牲畜、布帛充当货币时，还没有专司货币业务的金融机构。随着商品经济较大规模的发展，当金、银、铜等金属逐渐替代实物而充当了货币后，专职从事货币发行、流通等业务的金融机构相继出现，从而开始了人类早期的金融活动。早期的金融机构均为官办性质，主要从事货币的发行和储存，政府享有货币发行的垄断权力。商周时期的铸币机构和钱库均为官办性质，其主要从事铜币的铸造和储存，以适应市场所需。随着商品经济的进一步发展，隋唐时期，大量的民间银铺和当铺涌现，其主要从事货币储存和借贷，发挥着调节货币流通的作用。北宋时期，钱庄、当铺等民间金融机构数量不断增加，并随着商品经济的不断发展而发展。

3.2.2 现代金融业是货币流通与信用活动的总和

现代意义的金融，不仅指货币资金的融通，其含义要更广泛些，它是货币流通与信用活动的总和，可以说，凡是货币发行、流通与回笼，货币资金的借贷，票据的承兑与贴现，债券和股票等证券的发行和转让，保险基金的筹集与运用，外汇的买卖及政府对上述活动的管理等，都属于金融活动的范畴。

资本主义的出现使商品的生产和流通规模进一步扩大，于是适应商品经济需求、经营规模巨大、服务地域广阔、集中货币发行、借贷、投资等多种金融业务活动的现代金融机构出现了。1694 年，英格兰银行在英国伦敦建立起来，标志着现代银行业的诞生。从此，资本主义银行迅速发展壮大。特别是近几十年来，现代金融业发生了翻天覆地的变化，主要体现在如下几个方面：①金融机构多样化。除中央银行、专业银行、商业银行、综合性银行等银行类金融机构外，财务公司、证券公司、期货公司等众多的非银行类金融机构也相继出现。②金融商品多样化。不仅有传统的存、贷、汇等业务，而且有信托、投资、保险、租赁、债券、股票、信用卡、汇兑等业务。③服务扩大化。不仅有代发工资，代收水、电、煤、电话等公用事业费用，还有代为保管财物、家庭理财、代办保险、留学担保等服务。④金融业务网络化。金融活动不再是孤立的、互不关联的，而是在全世界范围内互相联系、互相影响的。电脑的普及使用，使资金转账、信息传递更为迅捷，金融业务范围拓展到世界范围，形成金融业务的电脑网络操作，全球几乎连成一片。

3.2.3 我国现代金融业的产生与发展

从产生途径来看，我国现代金融业的产生途径有两种：一是从古老的经营货币兑换、汇兑和典当等业务的金融机构转化而来；二是随着商品经济和贸易交易的发展，以及筹集财政资金和军费开支的需要，模仿西方国家现代金融机构的模式设立。18 世纪 20—30 年代，即清朝雍正乾隆年间，产生了一种比较接近现代银行的金融机构——“账局”。与典当、钱庄等机构不同的是，账局不仅吸收存款，而且开始经营对工商业的借贷业务。1910 年，清朝政府依据《银行通行则例》对已存在的账局进行过一次清理，有关账局的业务经营，王茂荫在《王侍郎奏议》卷三中有一段描绘：“账局自来借贷，多以一年为期。五六月间，各路货物到京，借者尤多。每逢到期，将本利全数凑齐，送到局中，谓之本利见面。账局看后，将利收起，令借者更换一券，仍将本银持归。”1897 年 5 月 27 日，铁路督办大臣盛宣怀上奏光绪批准，在上海按照现代银行的组织方式，成立了我国第一家股份制商业银行——中国通商银行，其是我国现代金融业的开端。

从发展过程来看，现代金融业是在我国经济体制的转轨中发展起来的。计划经济体制下的中国金融，仅是为计划经济服务的单纯的货币发行与回笼的政府行政事业的一部分，不是独立的经济活动，因而对社会经济的发展并无直接的影响。它与其他经济活动一样，均服从政府行政命令的指导和干预，基本上不是为市场而是为计划服务，金融机构全是单一的国家银行和少数集体合作性质的信用社，没有信托投资公司、证券公司、保险公司等非银行性质的金融机构。自 20 世纪 70 年代末以来，我国的经济体制逐渐从单纯的计划经济体制转向社会主义市场经济体制，随之推动金融体制也进行了一系列相应的改革，包括增强了中央银行的相对独立性，建立并逐步完善了国务院领导下的中央银行宏观调控体系；丰富了金融机构组织的类型，建立了以国有商业银行为主体，政策性金融与商业性金融相分离，多种金融机构并存的金融组织体系；增强了金融市场的规范性，建立了严格管理、统一开放、有序竞争的金融市场体系。现代金融业主要包括现代中央银行业、现代商业银行业、现代证券业、现代保险业、现代信托业、现代金融租赁业、现代金融市场体系、现代资金支付和清算体系、现代金融法律体系和现代金融风险防范体系等，投资、保险、银行、证券是现代金融业的四大支柱。

3.3　现代金融业的性质

3.3.1　现代金融业是先导性产业

一方面，作为一种产业，现代金融业在 GDP 中已占有相当的份额，其对经济增长的贡献也越来越大，金融市场规模已远超商品市场规模。金融机构作为一种特殊的企业，在企业治理、经营目标上与一般企业相一致，实行“自负盈亏、自担风险”，其特殊性在于其经营的对象是货币这种特殊的商品。另一方面，现代金融业也是先导性产业，现代金融拥有币值支配、利率支配、资金支配、信息支配和金融资源选择功能，且金融业的运作引导和优化资源的配置和组合，对经济发展发挥着重要的调控作用。

作为第三产业，金融业已逐渐发展成为龙头产业，不仅具有产业化特征，还具有工程化、信息化的主要特征，同时，其在社会经济中发挥着“大脑支配”和“核心指挥”的先导性功能。金融业通过开展信用活动实现货币资金在社会中的集聚和合理分配，并对市场利率、汇率、投资行为等产生一定的影响，不断创新可开发新的投融资产品和服务，促使产业结构优化升级，推动国民经济协调、快速、持续发展。

3.3.2 现代金融业是风险性产业

从经营对象来看，货币作为金融业的特殊商品，其不但具有一般的使用价值和相对较高的流动性，而且具有较强的不确定性。从经营主体来看，金融机构属于负债经营企业，其主要依托负债业务来开展资产业务，这种特殊的操作技术导致了金融业的脆弱性和高风险性。为此，国家金融监管组织与机构制定并实施了相关法律法规、政策制度等，保障金融业运营的稳定与安全。然而，金融监管当局由于寻租、腐败、能力等局限性的存在，导致金融监管在政策制定与执行过程中的失误或失效，进而引发货币信用危机和金融危机，甚至产生“多米诺骨牌”效应，引起社会经济整体的混乱。此外，随着经济全球化的不断扩大和深入，金融创新层出不穷，金融业存在的形态和经营的机理都发生着重大变革。综上所述，金融业是风险性产业，且其风险呈现出诱发因素多、风险规模更大、复杂性强、出现频率更高、传导和扩散速度更快等特征。据统计，1980 年以来，世界上一半以上的国家遭遇过严重的金融风险和金融问题，金融风险造成的损失高达 2500 亿美元。可见，高风险性是金融业的一个突出特征，也是社会平稳发展必须面对的一个严峻问题。

3.3.3 现代金融业是服务型产业

金融业属于第三产业，其经营的一切活动就是为社会公众、商品市场、实体经济等提供各种金融产品与金融服务，具体表现在以下方面：为促进各种生产要素的结合提供融资服务，为提高经济效率、降低成本提供货币收支结算服务，为保障良好的经济运行秩序提供信用记录服务，为保障政府和社会成员利益、防范风险提供信息服务等。随着金融科技与金融全球化的发展与深化，金融科技化水平和创新性不断提高，金融产品与服务类型、业务方式和业务规模都不断创新拓展，金融数字化程度和服务水平不断提高。与此同时，金融业自身也得到了更快更好的发展，最终实现了社会整体的进步和发展。

3.3.4 现代金融业是知识密集型产业

现代经济具有高度市场化、文明化、社会化和智能化的性质和特征，是典型的知识密集型经济。知识密集型经济拥有先进的技术和生产力，是现代化社会的重要特征和具体体现。金融业是现代经济的核心，是构成现代化社会的重要部分。相比其他部门，金融业对计算机技术和网络通信技术等先进科技手段的广泛应用是最早的。同时，在金融全球化推进的过程中，金融改革与创新不断深化，金融业也增加了对具备丰富知识及科学技术、金融理论扎实且业务能力强的高水平和高层次复合型人才的需求。

3.3.5 现代金融业是优化资源配置的产业

对于大多社会公众而言，金融业似乎只是自己在银行营业厅看到的银行柜员“点点票子、管管钥匙”的取钱、数钱等工作，认为金融业只是一个服务流通领域的行业。然而，金融业的本质属于分配范畴。金融业涉及货币融通、证券交易、保险交易、信托等诸多业务，其在经济发展中发挥着重要的先导和调控作用。马克思对分配进行了全面的概括，其认为分配不仅是分配“生产物”，还是分配更重要和更大量的“生产条件”。从经济发展战略角度来看，金融业通过发挥信贷、利率、汇率等经济杠杆的作用，优化了资产结构，确定了资产价格，重组了金融资产，对“生产条件”进行了有效分配，对货币资金实现了优化配置。可见，金融业既属于流通领域，也属于分配范畴，其实现了货币资产在社会市场中的优化配置和组合，提高了资产价值和效率，推动了社会经济发展。

4

陕西金融业改革与发展历程

4.1 改革初始发展阶段（1978—1984 年）

1978 年 12 月，党的十一届三中全会确定了“以经济建设为中心，实行改革开放”，开启了改革开放和社会主义现代化建设新时期。1979 年 10 月，邓小平同志提出“要把银行作为发展经济、革新技术的杠杆，必须把银行真正办成银行”，从而开始了恢复金融、重构金融组织体系的工作。随着我国金融改革开放大幕的拉开，陕西金融业也走上了改革开放之路。1978 年，我国“大一统”的金融组织体系被打破，市场化改革迈出关键一步，1978—1984 年，中国人民银行完成了商业银行业务剥离，专门行使中央银行职能，中国工商银行、中国农业银行、中国银行和中国建设银行四大国有商业银行成为我国金融体系的主体。随后几年，各大商业银行相继在陕西成立其分支机构，迈开了陕西金融体系市场化改革的关键一步（见表 4 - 1）。1978 年末，陕西省各项存款余额达 32.27 亿元，各项贷款余额达 51.31 亿元。1984 年 1 月 1 日，中国银行西安分行从中国人民银行陕西省分行中分设，单独立户；国家外汇管理局陕西省分局从中国银行西安分行划出，与中国人民银行合署办公。

表 4 - 1　主要大型银行陕西省分行恢复和设立的时间

银行名称	恢复或设立时间
中国银行西安分行	1977 年 12 月
中国农业银行陕西省分行	1979 年 12 月

续表

银行名称	恢复或设立时间
中国工商银行陕西省分行	1985 年 1 月
中国建设银行陕西省分行	1985 年 10 月
交通银行西安分行	1989 年 9 月
中国人民银行西安分行	1998 年 12 月

4.2 改革跨越发展阶段（1985—1993 年）

经济增长与金融业发展相辅相成，金融业随着国民经济的增长而不断发展，金融的发展也推动着国民经济的增长。1987 年 3 月 26 日，陕西省金融领导小组成立，与中国人民银行陕西省分行合署办公，中国人民银行陕西省分行列入省政府序列，负责领导和管理全省其他银行和金融机构。1993 年末，陕西金融机构各项存款总数为 633. 06 亿元，各项贷款总数为 745. 96 亿元，此阶段陕西金融业得到了跨越式发展。

（1）城乡居民储蓄存款增长势头迅猛，成为银行资金来源的主要组成部分。1993 年末陕西城乡居民储蓄存款为 547. 20 亿元，比 1984 年末的 33. 17 亿元增加了 514. 03 亿元，增长了 15. 5 倍，年递增率达 36. 54%。城乡居民储蓄存款在金融机构全部存款总数中的比重由 1984 年末的 36% 提高到 64. 96%，成为金融机构主要的资金来源，改变了计划经济时期居民储蓄存款只占资金来源少部分的格局。

（2）国民经济发展对金融的依存度越来越高。1979 年起银行发放固定资产贷款后，在全社会固定资产投资的资金来源中所占的比重越来越高。1993 年所占的比重达 28. 9%。实际上这一比重还要高，因为在企业自筹资金中有相当一部分是企业以税前还贷的方式取得的，也是靠贷款来支持的。据 1993 年陕西省预算内国有工业企业的财务决算，1993 年末银行长期贷款占其固定资产净额的 55. 84%。在流动资金中，银行贷款所占的比重更高。据中国工商银行陕西省分行对1204户国有工业企业的财务情况统计，1993年末银行流动资金贷款占企业流动资金来源的46.65%；如果将企业在流动资金运用中的互负债务冲抵后再计算其资产负债，则银行贷款占流动资金来源的比重高达58.94%。

（3）金融机构信贷收支和社会货币供应量的增幅大大超过地区生产总值的增幅。1993年，陕西地区生产总值、金融机构各项存款余额及各项贷款余额分别是1984年的4.42倍、6.88倍和6.99倍。各项存款总额与地区生产总值的比例，1984年为61.45∶100，1993年为94.10∶100。各项贷款总额与地区生产总值的比例，1984年为72.25∶100，1993年为112.55∶100。由于信贷收支的拉动，全社会货币供应量增幅也很大。1993年末陕西货币供应量（M2）为666.66亿元，比1984年的96.89亿元增长了5.88倍。货币供应量与地区生产总值的比例，1984年为64.68∶100，1993年为100.58∶100。

（4）陕西银行贷款占全国的比重较高。陕西得到中国人民银行总行在资金上的大力支持，贷款增加较多。1993年陕西地区生产总值占全国的比重为1.92%，金融机构贷款占全国贷款总数的比重为2.26%。1993年末陕西金融机构的贷款总数大于存款总数的差额达142.90亿元，中国人民银行陕西省分行对省内金融机构的贷款支持达158.78亿元。

（5）各类金融机构存贷款余额占陕西省存贷款余额的比重结构，以及直接融资与间接融资的比例，均逐步发生变化。1984年陕西基本上是国家银行"一统天下"的局面。1984年后随着各类金融机构的发展，非国有金融机构的存贷款额逐步增加。1993年非国有金融机构的存款占陕西存款总数的23.45%，贷款占陕西贷款总数的14.55%。

4.3 改革深入发展阶段（1994—2018年）

在经济体制改革和西部大开发战略的深入推进下，我国金融体系改革更加市场化、专业化、国际化，陕西金融体系也发生着重大变革和快速发展。区域性保险公司建立、股份制银行兴起、交通银行重组、政策性银行设立、外资银行进入，城市商业银行、农村商业银行、农村合作银行、村镇银行、财务公司、信托公司、资产管理公司、汽车金融公司、消费金融公司以及证券公司、期货公司、基金公司等各类金融机构快速涌现，运作机制更加市场化，业务发展也逐步壮大，基本形成了类型丰富、功能互补的现代金融体系。1994 年，中国人民银行下发了《信贷资金管理暂行办法》，对 1985 年起实行的“实贷实存”的信贷资金管理体制进行改革。其主要内容是针对信贷资金管理范围的扩大及信贷资金管理实行“总量控制、比例管理、分类指导、市场融通”的新基本原则。同时，为了强化总行对货币政策的操作，从 1994 年起，中国人民银行总行决定转换中国人民银行分支机构的职能，把资金调度融通主要集中在总行，中国人民银行的分支机构把主要精力集中在加强对金融机构的监管上。在此期间，中国人民银行陕西省分行按照总行规定，实现了职能转变，把大部分对各金融机构的贷款划拨总行办理，把开发性贷款转给有关政策性银行和国有商业银行，加强了金融监管工作，使中国人民银行分行真正履行中央银行分行的金融监管职能。同时，中国人民银行陕西省分行和各金融机构一起执行了“适度从紧”的货币政策。通过陕西各方面的努力和金融部门认真执行“适度从紧”的货币政策，陕西和全国一样，1996 年国民经济增长与通胀率下降同时实现，经济运行成功“软着陆”。

1998 年底开始，中国人民银行按经济区划在全国设置九大跨省市的分行（包括两个营业管理部），彻底改变了我国几十年来按行政区划设置分支机构的框架，这对减少行政干预、推进区域经济和金融发展、加强中央银行的金融监管能效有极其深远的意义。同年 12 月 18 日，中国人民银行西安分行成立，在陕西、甘肃、宁夏、青海和新疆西北五省行政区划内履行央行职能，领导管理辖区内人民银行中心支行、县支行和分行所派出的金融监管办事处。1995 年 4 月，中国农业发展银行陕西省分行正式成立；1998 年 3 月，国家开发银行陕西省分行正式挂牌成立；2007 年，进出口银行陕西省分行正式挂牌。3 家政策性银行的成立，成为陕西经济发展的重要力量。2008 年底，招商银行、中信银行、光大银行、华夏银行、浦东发展银行、兴业银行、民生银行、浙商银行、北京银行等 10 家股份制商业银行先后在陕西开设分行。股份制商业银行经营机制灵活且市场竞争力较强，促进了金融改革与创新，激活了陕西信贷市场。

陕西深化金融业改革，为经济发展注入强大的内生动力。2018 年 7 月 30 日，作为一家省属金融机构和全国首家非银行上市金融机构，陕国投配股成功发行，募集资金达 22.71 亿元。陕西首家村镇银行——宝鸡岐山硕丰村镇银行、首家地方资产管理公司——陕西金融资产管理公司、首家消费金融公司——陕西长银消费金融公司、首家汽车金融公司——比亚迪汽车金融公司成立。同时，陕西的一个个特色金融聚集区正快速成长：西安浐灞生态区的西安金融商务区，绿色金融、基金产业、离岸金融、金融要素市场等成为其重要的探索方向；西咸新区能源金融贸易区，“筑巢”已取得阶段性进展，下一步将聚焦“引凤”，助力西北能源金融中心建设持续推进；西安高新科技金融示范区，科技与金融合作正催生出越来越强大的产业创新力量；曲江文化金融示范区创新融合“文化 + 金融”发展模式；杨凌农村金融改革试验示范区助力乡村振兴与农业现代化建设。

据统计，2018 年末，陕西地方金融业已涵盖银行、证券、保险、信托等多个门类，金融机构包括银行、证券、保险机构等 343 家；各项贷款余额达到 30513.81 亿元，各项存款余额达到 40567.42 亿元。相比 2007 年末，基础设施贷款余额和保障性住房开发贷款余额分别增加了 4.15 倍和 261.30 倍，平均年增长率分别为 16.07% 和 65.92%；相比 2008 年末，创业担保贷款余额和助学贷款余额分别增加了 14.45 倍和 2.49 倍，平均年增长率分别为 31.49% 和 13.31%；相比 2009 年末，小微企业贷款余额增加了 4.52 倍，平均年增长率为20.92%；相比2011年末，涉农贷款余额增加了1.75倍，平均年增长率为15.58%；相比2015年末，金融精准扶贫贷款余额增加了1.82倍，平均年增长率为41.20%；绿色贷款余额增加至1793.40亿元。2018年，陕西金融业增加值为1419.87亿元，占当年地区生产总值的比重为5.81%，占服务业增加值的比重为13.59%。陕西社会融资规模增加了3599.11亿元，占我国社会融资规模的比重为1.87%，有效提升了金融服务陕西实体经济效能，支撑了陕西经济高质量发展。

陕西金融业开放创新，不断拓宽金融服务视野。金融监管部门积极支持企业开展跨境融资，不断拓宽金融服务视野。国家外汇管理局陕西省分局拓展内保外贷业务，支持企业在境外健康持续发展，截至2018年7月末，陕西共办理内保外贷业务14笔，帮助境外关联企业融资10.5亿美元。同时，陕西还鼓励金融机构围绕“一带一路”上的农业、科技等领域的产能合作，创新金融产品与服务，促进陕西与沿线国家的区域经济合作和人文交流。陕西自贸试验区积极搭建金融创新制度平台，持续提升金融业对外开放水平。2017年11月，招商银行西安高新科技支行通过招商银行总行自主研发的区块链直联跨境支付应用技术，成功完成一笔美元跨境支付业务，让跨境外币资金实现“秒级”传输。这也是陕西自贸试验区内首单区块链跨境支付业务。除此之外，陕西自贸试验区还积极探索投融资便利化、征信服务新模式、文化企业股权融资等金融创新举措，让各类金融创新举措在改革试验田里更快推进。

4.4 扩大开放发展阶段（2018年至今）

自2018年以来，陕西金融业深化改革，为经济发展注入强大的内生动力。陕西金融业坚持创新合作，不断扩大金融开放，先后为陕西引进了多家国际金融机构，如国际复兴银行、金砖开发银行、亚洲开发银行等，其纷纷在陕西设立代表处或分支机构，着力打造“一带一路”国际交易与结算服务平台，支持和推动离岸金融和跨境双向人民币资金池业务的开展，搭建“一带一路”国际金融网络信息服务平台，进一步提升金融服务国际经贸合作与发展的能力，为打造陕西特色金融聚集区和区域金融中心提供有力支撑。目前，陕西金融机构体系已经具备立体化、多层次的现代化特征，成功吸引了诸多知名金融机构在陕西落户运营。随着“一带一路”、自贸区建设的深入推进，陕西金融业开放程度不断提高。2018 年，富邦华一银行西安分行顺利开业，成为西北第一家台资银行，作为合格境内机构投资者（QDII）的长安国际信托股份有限公司，获批投资额度达 1.8 亿美元。随后，国家外汇管理局先后批复陕西自贸区设立“资本项目收入结汇支付便利化试点”和“跨境业务区块链服务平台试点”，同时，贸易外汇收支便利化试点也落地实施，成功启动了本外币合一的银行结算账户体系试点工作。2018 年起人民币跨境收付金额逐年增加，2020 年人民币跨境收付金额达 28.39 万亿元，较 2019 年增加了 8.72 万亿元，同比增长 44.3%。2020 年陕西已实现人民币跨境收付额累计达 3412.84 亿元，服务企业 3083 家，涉及境外银行 1786 家，辐射国家和地区 126 个。其中，覆盖“一带一路”沿线 44 个国家和地区，累计实现人民币跨境收付金额 1253.95 亿元，在陕西人民币跨境收付总金额中占比高达 36.74%。

陕西省统计局经济数据显示，2022 年第一季度陕西金融机构人民币各项存款余额达 56876.38 亿元，同比增长 11.6%。其中，住户存款余额达 31174.52 亿元，比年初增加 1996.85 亿元；非金融企业存款余额达 15822.21 亿元，比年初增加 212.70 亿元。根据 2021 年末全省常住人口总数 3954 万人计算，相当于人均存款额增加到约 78843 元。

未来几年，陕西区域金融中心将不断创新和发展完善，位于西安浐灞生态区的西安金融商务区正在探索绿色金融、基金产业、离岸金融、金融要素市场等金融改革新方向；西咸新区能源金融贸易区，“筑巢”已取得阶段性进展，下一步将聚焦“引凤”，助力西北能源金融中心建设持续推进；西安高新科技金融示范区，科技与金融合作正催生出越来越强大的产业创新力量；西安曲江文化金融示范区、杨凌农村金融改革试验示范区也在积极探索创新，为陕西金融业不断蓄积发展势能。

5

陕西金融业改革与开放发展的基本现状

5.1 金融业综合实力不断增强

5.1.1 金融业融资规模与增加值增高

2021 年，陕西社会融资规模增量为 6204 亿元，金融业增加值为 1174.47 亿元，增长 6.0%。总体来看，2021 年陕西金融机构对实体经济发放的人民币贷款占同期社会融资规模增量的 82.93%。从陕西社会融资规模增量细分结构可以看出，除信托贷款、委托贷款和未贴现银行承兑汇票外，其他各项均出现了明显增长。其中，2021 年陕西人民币贷款增量、外币贷款增量（折合人民币）、债券增量、非金融企业境内股票融资增量分别增至 5145 亿元、935 亿元、1262 亿元、134 亿元。

一是贷款增量首次突破 5000 亿元。2021 年，陕西对实体经济发放的贷款增量为 5203.52 亿元，比上年多 331.20 亿元，占社会融资规模增量的比重为 83.87%，比上年提高 7.82 个百分点，比全国水平高出 19.72 个百分点，是社会融资规模稳步增长的主要力量。二是地方政府债券发行量大幅增加。2021 年，全省地方政府债券净融资 1261.96 亿元，比上年增加 379.34 亿元；其中，一般债券净融资 431.30 亿元、专项债券净融资 830.66 亿元，均高于上年，重点支持了保障性安居工程、基础设施、生态环保、乡村振兴等符合国家重大战略发展的项目。三是企业债券融资回归常态。2021 年，全省非金融企业债券融资额逐步从 2020 年的高位回归常态，全年净融资 935.08

亿元，比上年减少 363. 47 亿元，但比 2019 年增加 76. 30 亿元；占社会融资规模的比重为 15. 07%，比全国水平高 4. 59 个百分点。四是非金融企业股票融资额和保险公司赔偿额平稳增加。2021 年，全省非金融企业股票融资 133. 78 亿元，比上年同期增加 22. 19 亿元，股票融资参与度大幅提升。受汛情、新冠疫情等突发因素影响，全省保险公司保险赔偿力度加大，全年累计赔偿 221. 59 亿元，比上年同期增加 32. 30 亿元。五是资管新规过渡期结束，表外融资减少较多。2021 年，受资管新规过渡期结束影响，信托贷款不断压降，导致全省表外融资减少 1659. 07 亿元，减少量比上年同期增加了 608. 80 亿元。

5. 1. 2　金融机构融资结构不断优化

2021 年末，陕西省实现人民币各项贷款余额达 44053. 75 亿元，同比增长 13. 23%，高于全国水平 1. 68%，贷款增速在全国排第 7 位，较上年末上升 2 位。

从信贷结构来看，陕西金融机构重点行业贷款额增长较快，信贷结构实现了优化，重点领域资金保障有力。从贷款投向来看：一是制造业贷款增速持续回升。2021 年末，全省制造业贷款余额为 3045. 67 亿元，同比增长 13. 96%，较上年末提升 1. 40 个百分点，增速连续 6 个月持续上升；制造业中长期贷款余额累计为 2048. 55 亿元，较上年末增长 28. 72%，比全产业中长期贷款增速高出 16. 93%。二是建筑业贷款快速增长。2021 年末，全省建筑业贷款余额为 1845. 80 亿元，同比增长 37. 57%，较上年末大幅提升 19. 20 个百分点；全年建筑业贷款新增 499. 36 亿元，是上年新增额的 2. 43 倍。建筑业贷款快速增长，有力保障了重大项目建设的资金需求。三是科技和卫生领域贷款增长较快。2021 年末，全省信息传输、软件和信息技术服务业贷款余额为 206. 08 亿元，同比增长 18. 70%，比各项贷款余额增速高出 5. 47%。卫生及社会工作行业贷款余额为 170. 29 亿元，较上年末增长 19. 11%，比各项贷款增速高出 5. 88%，为新冠疫情防控提供了坚实的资金保障。四是普惠小微贷款持续“量增面扩”。2021 年末，全省小微企业贷款余额为 5917.72 亿元（不含票据贴现），同比增长 19.43%，比各项贷款增速高出 6.20%。普惠小微贷款余额为 2915.43 亿元，同比增长 34.61%，比各项贷款增速高出 21.38%；其中，个体工商户及小微企业经营性贷款余额为 1539.30 亿元，同比增长 35.40%，比各项贷款增速高出 22.17%。普惠贷款户数为 50.84 万户，同比增长 33.08%，普惠覆盖面持续扩大。五是涉农贷款余额近 9000 亿元。2021 年末，全省涉农贷款余额为 8948.64 亿元，同比增长 11.77%，高出上年末余额 1.14%；全年涉农贷款新增 973.55 亿元，同比增加 180.23 亿元。其中，农村基础设施建设贷款余额为 2126.61 亿元，同比增加 16.74%，较上年末提升 1.98 个百分点，信贷支持乡村振兴力度进一步加大。六是绿色贷款成为信贷增长新亮点。2021 年末，全省绿色贷款余额为 3700.48 亿元，同比增长 34.10%，高出上年末 17.00%，增速大幅提升；全年绿色贷款新增 933.14 亿元，同比多增 329.55 亿元，金融支持绿色转型和产业升级力度不断加大。

5.1.3 金融机构资产质量持续改善

2021 年末，陕西银行业金融机构资产总额为 6.9 万亿元（见表 5-1），负债总额为 6.7 万亿元，实现利润 569.6 亿元，拨备覆盖率为 218.8%，不良贷款率同比下降 0.06 个百分点，2021 年全年基本稳定在全国平均水平以下，关注类贷款占比较上年末下降了 0.4%，逾期超 90 天的贷款余额占比下降了 3.8%；截至 2021 年末，陕西省地方法人金融机构资产总额为 2.2 万亿元，实现利润 118.8 亿元，不良贷款率同比下降 0.2 个百分点，全年基本稳定在全国平均水平以下，关注类贷款率同比下降 1.9 个百分点，逾期 90 天贷款占不良贷款的比例低于 100%，拨备覆盖率为 181.4%，同比上升 2.6 个百分点。与此同时，2021 年陕西金融机构存款保持稳定增长，非金融企业存款明显增多，贷款对实体经济的支持力度保持稳固，信贷结构进一步优化，货币信贷政策引导作用显现，重点领域和薄弱环节金融支持力度进一步加大。

表5-1　2021年陕西省银行业金融机构情况

序号	机构类别	营业网点			法人机构/个
		机构个数/个	从业人数/人	资产总额/亿元	
1	大型商业银行	1892	40035	24042	0
2	国家开发银行和政策性银行	84	2244	7358	0
3	股份制商业银行	471	11002	9186	0
4	城市商业银行	540	9752	9164	2
5	小型农村金融机构	2854	31073	12653	97
6	财务公司	7	375	1430	4
7	信托公司	3	1938	321	3
8	邮政储蓄	1257	10723	4238	0
9	外资银行	10	256	134	0
10	新型农村机构	44	1928	274	42
11	其他	2	397	454	2
合计		7164	109723	69255	150

注：营业网点不包括各金融机构总部的数据；大型商业银行包括中国工商银行、中国农业银行、中国银行、中国建设银行和交通银行；小型农村金融机构包括农村商业银行、农村合作银行和农村信用社；新型农村机构包括村镇银行；“其他”包含汽车金融公司、消费金融公司等。

资料来源：《陕西省金融运行报告（2022）》。

2021年，陕西证券期货机构业务规模持续增长。上市公司经营良好，市值稳步增长。2021年末，陕西共有3家法人证券公司，3家期货公司，1家法人基金公司，60家证券分公司，248家证券营业部，66家陕西省内上市公司，总市值为1.6万亿元，同比增长26.4%。全省上市公司股票市场融资235.5亿元（见表5-2）。

表 5-2 2021 年陕西省证券业基本情况

项目	数量
总部设在辖区内的证券公司数/家	3
总部设在辖区内的基金公司数/家	1
总部设在辖区内的期货公司数/家	3
年末国内上市公司数/家	66
当年国内股票（A 股）筹资/亿元	235.5
当年发行 H 股筹资/亿元	0
当年国内债券筹资/亿元	2879.1
其中：短期融资券筹资额/亿元	664.7
中期票据筹资额/亿元	1062.8

资料来源：《陕西省金融运行报告（2022）》。

2021 年，陕西省保险业平稳增长，业务结构持续优化，保险保障和服务功能有效发挥。2021 年，陕西省拥有法人保险业机构 2 家，省级分公司 70 家。保险行业总资产为 2737.5 亿元，全年实现保费收入 1169.2 亿元，全省保险业共提供各类风险保障 83.4 亿元，各类赔款给付 375.8 亿元，同比分别增长 21.6%、13.1%，风险保障功能得到有效发挥；全省财产险（不含车险）保费收入 72.0 亿元，人身险（不含再保险）保费收入 769.3 亿元，其中普通寿险业务占比为 47.3%。2021 年，全省农业保险保费收入 22.0 亿元，支付农业赔款 18.9 亿元，为陕西省乡村振兴和农业高质量发展提供了有效保障（见表 5-3）。

表 5-3 2021 年陕西省保险业基本情况

项目	数量
总部设在辖区内的保险公司数/家	2
其中：财产险经营主体/家	1
寿险经营主体/家	1
保险公司分支机构/家	3068
其中：财产险公司分支机构/家	1512
寿险公司分支机构/家	1556

续表

项目	数量
保费收入（中外资）/亿元	1169.2
其中：财产险保费收入（中外资）/亿元	257.5
人身险保费收入（中外资）/亿元	911.7
各类赔款给付（中外资）/亿元	375.8

资料来源：《陕西省金融运行报告（2022）》。

此外，国务院金融稳定发展委员会办公室在陕西落地运行地方协调机制，进一步增强了相关重大事项的沟通协作，稳定了金融发展。持续推进地方金融领域扫黑除恶专项斗争，严厉打击洗钱违法犯罪行为及外汇领域非法金融活动。P2P网贷平台风险基本出清，目前陕西省内网贷平台已全部停业，存量业务规模持续下降。积极开展非金融企业债务融资工具风险管理，积极推进金融风险的处置化解，持续降低银行业金融机构不良贷款余额，金融风险总体可控。

5.1.4 金融市场活跃度显著提升

2021年，陕西社会融资增量稳步增长，信贷仍为主要融资渠道，地方政府债券对社会融资规模增长的贡献度加大。2021年，陕西省社会融资增量为6204.2亿元；辖区内城市商业银行发行无固定期限资本债券30亿元，实现陕西省法人银行永续债突破；陕西省金融机构通过全国银行间拆借市场累计成交7405.1亿元，银行间债券回购累计成交15.3万亿元，陕西省银行承兑汇票余额为2801.0亿元，贴现余额为2841.3亿元，同比增长20.4%，金融机构票据贴现和转贴现利率呈窄幅波动，整体保持平稳（见表5-4和表5-5）。

表5-4 2021年陕西省金融机构票据业务量统计 （亿元）

季度	银行承兑汇票		票据贴现			
			银行承兑汇票		商业承兑汇票	
	余额	累计发生额	余额	累计发生额	余额	累计发生额
1	2884.5	1206.5	2317.7	547.7	60.4	61.3
2	2985.9	2650.9	2512.1	1098.4	37.6	107.5

续表

季度	银行承兑汇票		票据贴现			
			银行承兑汇票		商业承兑汇票	
	余额	累计发生额	余额	累计发生额	余额	累计发生额
3	3045.9	3859.3	2612.1	1712.8	41.0	210.1
4	2801.0	4711.0	2760.6	2698.8	80.7	276.6

资料来源：《陕西省金融运行报告（2022）》。

表 5－5　2021 年陕西省金融机构票据贴现、转贴现利率　（%）

季度	票据贴现		转贴现	
	银行承兑汇票	商业承兑汇票	票据买断	票据回购
1	3.32	4.32	3.22	2.56
2	2.97	4.29	2.75	2.46
3	2.61	4.20	2.38	2.42
4	2.37	4.23	2.18	2.39

资料来源：《陕西省金融运行报告（2022）》。

5.2　地方金融改革进程有序推进

5.2.1　金融机构改革步伐逐步加快

截至2020年末，陕西地方法人金融机构总数达153家（包括商业银行2家、小型农村金融机构100家、财务公司4家、信托公司3家、新型农村机构42家、其他金融机构2家），较上年末新增1家。2009年，陕西5家城市商业银行和城市信用社合并成立长安银行；2015年，西安市城区农村信用社重组成立秦农银行。2016年8月，陕西第一家法人金融资产管理机构——陕西金融资产管理股份有限公司正式设立。2019年3月，西安银行成为西北地区第一家成功上市的城市商业银行。2018年，临潼区、高陵区及阎良区三地的农村信用合作联社均并入秦农银行；2020年9月末，全省共有20家农村信用合作社成功转型为农村商业银行。农村金融机构深化改革工作稳步推进，截至2020年末，陕西省100家农村金融机构（含农村合作银行和农村商业银行）资产总额达到11193亿元。2018年9月，陕西第一家公募基金——朱雀基金管理有限公司获批设立。农村信用社改革取得重要成果，资本实力明显增强，资产质量大幅改善，法人治理结构逐步健全，经营效益不断提升。2020年，长安银行、西安银行和秦农银行通过发行小微企业金融专项债、二级资本债，有力提升了服务实体经济能力和资本充足水平。比亚迪汽车金融公司信贷增速由负转正，长银消费金融公司正式获批全国银行间同业拆借资格。

2021年，陕西地方金融组织规范健康发展迈出新步伐。陕西地方金融组织统计工作全面展开，政府性融资担保机构融资担保业务尽职免责管理暂行办法出台，地方金融监管综合服务平台上线运行。陕西股权交易中心“基于区块链技术的农村集体经济组织股权托管服务”项目纳入金融科技赋能乡村振兴示范工程，推动陕西金融机构改革创新不断发展。

5.2.2 自贸区金融业改革深入推进

陕西自贸区建设4年多以来，不断开展金融创新。一是推出运单融资模式。陕西自贸区以实体经济为服务对象和宗旨，积极创新金融产品与服务，开拓创新“央行·长安号票运通”融资模式，成为全国运用央行货币政策工具打造专属中欧班列的“首单”融资产品，大大缓解了外贸和物流企业的运费压力。二是搭建“通丝路”结算平台，以跨境电商人民币结算为业务核心，以贫困农户和小微企业为主要服务对象，在网上平台结算的同时创新精准扶贫模式，创建了“人民币网上丝绸之路”。三是开创金融服务新模式。创新融资租赁业务内容，协助医药制造行业跨境转让融资租赁资产的人民币结算业务，开创了西北地区首个资产跨境转让业务。四是建设跨境金融服务平台。联合银行、融资租赁机构、出口信用保险机构、基金公司等，打造国际保理平台，建立跨境金融“一站式”服务体系。同时，长安银科商业保理公司还成功获批美元融资业务资格，丰富和创新了商业保理融资业务的内容和模式。2019 年，“票付通”在陕西煤炭交易中心成功上线，成为西北首个互联网票据支付平台。“票付通”以票据支付的形式，实现“一手交货、一手交票”，切实解决了企业融资难题，并加速了大宗商品的交易周转。

除此之外，陕西自贸区简政放权，取消结售汇、境外投资等 11 项外汇管理证明事项，深化资本项目外汇收入支付便利化试点，推动全国首笔商业保理外币融资业务成功落地；出台《关于金融支持中欧班列（西安）集结中心暨中国（陕西）自由贸易试验区高质量发展的意见》，加大金融服务中欧班列（西安）集结中心及陕西自贸区建设力度，推动中欧班列“长安号”数字金融综合服务平台创建；“四扩大两可控”跨境金融创新专项行动深入开展，数字人民币试点工作在西安市正式启动，西安市本外币合一银行结算账户体系试点稳妥推进。按季度开展陕西省银行业存款类金融机构（法人）绿色信贷业绩评价工作，评价范围覆盖至全省所有法人银行机构，评价结果纳入央行评级。

5.2.3 金融科技创新运用不断增强

2020 年 11 月，中国人民银行西安分行联合陕西省地方金融监督管理局印发《陕西省金融科技发展指导意见》（以下简称《意见》）。《意见》以推动大数据、云计算、区块链、人工智能等新一代信息技术广泛应用于陕西金融领域为目的，具体围绕推动金融科技产业资源聚集等九方面主要任务，精细描绘出陕西推进金融科技发展应用“路线图”。当前，我国金融科技发展浪潮聚势而来，金融业务与信息技术的深度融合势必加速。《意见》的印发将有助于陕西借助科教资源富集等优势，形成金融科技规范发展、产业创新持续加速、服务质量稳步提升、应用风险基本可控的良好发展格局，推动陕西加快丝路金融中心建设步伐，奋力谱写陕西新时代追赶超越新篇章。2020 年，西安市荣获“2020 年度营商环境创新创优标杆城市”称号。

陕西积极贯彻落实中国人民银行《金融科技发展规划（2022—2025年）》（银发〔2021〕335号），充分发挥金融科技创新监管工具创新引领作用，有序推进金融科技创新监管工具实施，于2022年1月19日向社会公示首批1个创新应用“基于区块链的农村土地承包经营权抵押贷款服务”。本次创新应用聚焦区块链、大数据等前沿信息技术，围绕农村土地承包经营权抵押贷款场景，旨在通过金融科技手段提升农村金融服务可得性，赋能乡村振兴战略实施。陕西推进创新监管工具实施工作，有利于充分调动社会各方力量以加强金融科技创新监管，让真正有价值的金融科技创新成果得到充分的测试和完善。同时，金融科技创新有助于缓解农村金融服务信息不对称问题，能够为农业农村注入更多金融“活水”，对赋能乡村振兴具有积极作用。

中国人民银行西安分行将进一步结合陕西实际，充分发挥金融科技创新监管工具作用，推动金融科技创新与安全双轮驱动、协同并进，鼓励和引导金融科技规范创新，提升金融科技创新惠民利企、服务实体经济、赋能乡村振兴的能力，助力陕西新时代追赶超越。

5.2.4　金融与文化产业的融合发展

陕西文化资源丰富，文化底蕴深厚。近年来，陕西省各地区和有关部门不断扩大文化产业投资，大力发展全域旅游，推进文化产业结构调整和布局优化，文化产业的规模显著扩大，文化金融服务体系越发完善，文化产业对陕西经济增长的支撑和拉动作用明显提升。近几年，为推动陕西文化产业快速发展，陕西出台了一系列政策举措：2017年，省文化厅、省工信厅发布的《陕西省小微文化企业成长培育计划》指出，要组建文化金融综合服务中心，为中小微文化企业提供不间断金融服务；2018年，省工商行政管理局、中共陕西省委宣传部出台《关于进一步加快文化产业发展的意见》强调，要支持符合条件的文化企业上市融资，并在改制、并购、重组等方面做好帮扶；同年发布《陕西省文化金融融合发展三年行动计划（2019—2021年）》，为发展一批文化金融特色机构，形成一批有影响力的文化金融品牌，完成省、市、县三级政府性文化金融服务体系建设，创建省级文化金融合作示范区1个、省级文化金融服务中心1个，服务超过1000家文化企业等作出了统领安排。

2020年末，陕西文旅产业贷款余额为1041亿元，信用贷款占比达到23.4%。支持文旅企业发债，拓宽融资渠道，2020年，全省文旅企业通过债券市场融资182.6亿元，其中，发行非金融企业债务融资工具112.4亿元。在金融系统的支持下，文旅产业融资环境明显改善，为陕西文旅产业复苏和高质量发展提供了有力的金融支持。

5.3　金融对外开放程度持续提高

5.3.1　外资金融机构驻陕数量不断增加

2001年，东亚银行（中国）有限公司西安分行成立，这是最早进入陕西的外资银行。截至2018年末，陕西已拥有港资银行1家、英资银行2家、韩资银行1家、新资银行1家、台湾地区独资创办的银行1家，共6家外资银行，分别为2006年成立的英国汇丰银行西安分行、2014年成立的韩国韩亚银行西安分行、2015年成立的新加坡星展银行西安分行、2016年成立的英国渣打银行（中国）有限公司西安分行、2018年成立的西北首家台资银行中国台湾富邦华一银行西安分行。陕西拥有三星财险（韩国）、中航安盟财险（法国）、安盛天平财险（法国）、工银安盛人寿（法国）、中意人寿（意大利）、瑞泰人寿（英国）、招商信诺人寿（美国）、友邦保险（美国）、恒大人寿（新加坡）、新光海航人寿（中国台湾）等外资（合资）保险公司达到10家。长安信托于2015年获批西部地区首家QDII投资资格，2018年4月获批投资额度达1.8亿美元。2018年12月，西北地区首单民营企业债券融资支持工具——隆基绿能科技股份有限公司2018

年第一期短期融资券在银行间债券市场成功上市，有效提振了民营企业对于直接融资的信心。2019 年，《西安市“十三五”金融业发展规划》出台，重点提出吸引更多的中外合资金融机构、外资金融机构和中外金融服务机构入驻西安。2020 年 4 月 9 日，陕西自贸区曝出重磅消息：自贸试验区内全面取消在华外资银行、证券公司、基金管理公司等业务范围限制。

外资金融机构的进入，提供了国际化经营理念，促进了陕西金融业服务升级，极大地优化了本地金融结构。星展银行 2016 年成功为两家陕西企业承销发行 6.2 亿美元海外债券，受到陕西省政府高度肯定；渣打银行 2017 年在喀麦隆为陕西一企业集团开立海外账户，为其启动海外资金池业务，这是西北地区首个企业海外资金池；汇丰银行西安分行近年来为多家省内企业海外项目提供数十亿美元的授信支持，助力企业“走出去”。

5.3.2 多项金融改革开放措施落地实施

为进一步扩大对外开放，提振投资信心，稳定和扩大陕西利用外资规模，推动形成全方位高水平开放新格局，2020 年 10 月 20 日，《陕西省人民政府关于进一步做好利用外资工作的实施意见》（以下简称《实施意见》）适时出台。《实施意见》共提出了 29 条具体措施，主要涉及深化对外开放和投资便利化改革、加大投资力度和外商投资合法权益保护力度等方面。《实施意见》明确，加大利用外资招商力度；优化利用外资区域布局；制定鼓励跨国公司在陕西设立地区总部和功能性机构实施办法，吸引跨国公司总部和功能性机构落户陕西；优化外商投资企业科技创新服务；制定陕西自贸试验区进一步扩大开放和创新发展具体措施，推进相关深层次改革事项在自贸试验区先行先试，充分发挥自贸试验区改革开放“试验田”作用；鼓励外商投资参与国际合作产业园建设与运营；建立全省统一的外商投资公共信息服务平台，提升外商投资服务水平和质量，综合改善营商环境。在深化投资便利化改革方面，《实施意见》要求积极开展金融政策试点；优化模式，加强外债管理；落实政策措施，推进移民出入境的便利化改革；提高国外人员来陕工作的便利度；优化审批程序，提高外资项目用地业务效率。为进一步保护外商投资合法权益，《实施意见》明确要求，建立全省外商投资投诉协调受理机制；强化监管政策执行规范性；完善知识产权保护工作机制；落实内外资企业公平参与国家标准化工作要求；建立重点企业联系制度，全方位回应企业诉求。

5.3.3 跨境人民币业务发展态势良好

跨境人民币业务服务效能持续提高、辐射范围不断扩大。2018年，由中国人民银行西安分行推动建设的“通丝路”陕西跨境电子商务人民币结算服务平台正式上线运行，为小微企业和贫困农户将陕西特色产品推向全球市场搭建了一条便捷的“人民币网上丝绸之路”。自陕西于2011年8月启动跨境人民币业务以来，陕西跨境人民币收付累计实现3492.8亿元，34家银行的279家分支机构参与，服务企业3228家，惠及境外参与银行1857家，交易辐射境外国家和地区126个。与22个周边国家发生人民币跨境收付累计685.2亿元，占全省跨境人民币收付的19.6%，高于全国平均水平1.3个百分点；与44个“一带一路”沿线国家发生人民币跨境收付累计1282.7亿元，占全省跨境人民币收付的36.7%，远超全国平均水平22.8个百分点。2020年，陕西跨境人民币实现收付金额504.4亿元，同比增长1.8%；跨境人民币收付企业数达1390家，同比增长2.5%；境外参加银行数达799家，同比增长11.1%；与“一带一路”沿线国家（地区）实现人民币跨境收付175.7亿元，占收付总额的34.7%。

5.4 金融服务实体力度逐渐增强

5.4.1 认真落实国家金融政策

陕西积极对接国家战略，大力发展绿色金融、科创金融、普惠金融，2018 年 6 月以来，陕西自贸区“资本项目收入结汇支付便利化试点”“跨境业务区块链服务平台试点”，以及本外币合一银行结算账户体系、数字人民币等试点工作陆续启动，各项金融改革创新稳步推进，全面塑造发展新优势。西安市科创金融试验区、铜川市普惠金融试验区的申报工作取得积极进展。2019 年，西安分行研究制定了《陕西省金融系统“四扩大两可控”跨境金融创新专项行动实施方案（2019—2021 年）》，指导银行业金融机构紧密围绕 10 个重点方面做好跨境金融创新。以外汇管理服务创新为抓手，探索推动“长安号”数字金融综合服务平台创建，积极推进中欧班列（西安）集结中心及陕西自贸区建设，有力促进陕西涉外经济高质量发展，为地方经济高质量发展持续提供新的动能。以专项统计和业绩评价为重要抓手，积极开展绿色贷款和绿色信贷工作，推动发展绿色金融，加大力度支持金融机构开展绿色产业相关信贷额度及服务。以科技创新战略为抓手，推动金融业改革创新，增加科技产业贷款发放额度，为科技企业的创新发展提供有力支撑。

近年来，陕西金融业认真落实中共中央、国务院和中国人民银行有关金融政策要求，推动全面取消自贸区内银行类金融机构在华投资业务的范围限制，积极出台政策制度，吸引各类金融机构入驻自贸区，推动金融产业不断发展，推进丝绸之路金融中心建设。为加快推进中欧班列（西安）集结中心和中国（陕西）自由贸易试验区建设，中国人民银行西安分行、国家外汇管理局陕西省分局提出了 13 条金融外汇举措，如重点突出贸易外汇收支便利化试点、拓宽企业境内外资金来源和使用范围、试点建立本外币合一的银行结算账户体系、支持创建“长安号”数字金融综合服务平台、应用跨境金融区块链服务平台场景，助力西安国际港务区全面建设中欧班列（西安）集结中心。国家外汇管理局陕西省分局立足陕西自身的区位和功能优势，深入对接实体经济金融需求，深化外汇管理改革和服务，营造了良好的政策环境和市场环境，有力支持了陕西的企业与“一带一路”沿线国家的合作与交流。扩大人民币在国际计价与结算中的使用规模，如参与“一带一路”沿线国家建设、跨境贸易结算和国际投资的计价与结算等。截至2020年12月20日，陕西省已累计开展试点业务515笔，金额达2.54亿美元。其中，货物贸易收付汇490笔，金额达2.45亿美元；服务贸易付汇25笔，金额达946.61万美元。

5.4.2 持续扩大重点领域贷款

在2020年陕西社会融资规模增量中，贷款占据绝大部分，对实体经济发放的人民币贷款占同期社会融资规模增量的74.87%，企（事）业单位贷款占据新增贷款的62.4%。2020年末，陕西省各类贷款余额实现普遍增长，其中制造业人民币贷款和普惠小微贷款余额分别为2672.68亿元和2165.80亿元，同比分别增长12.60%和41.20%。同时，资金信贷成本也出现明显下降。2020年第三季度，陕西省小微企业贷款与普惠小微贷款的加权平均利率分别为5.07%和5.73%，较上年均有明显下降。2020年，陕西省积极发挥货币政策工具的调控作用，加大金融机构服务实体经济力度，全年累计投向实体经济资金达1093.91亿元，累计向实体经济让利达300多亿元。同时，陕西再贷款余额与再贴现余额的使用量总计达到历史最高规模，同比增长了192.84%。陕西金融机构持续加大精准扶贫力度，2020年末金融精准扶贫贷款余额同比增长26.77%，增速高出各项贷款12.72%，累计实现贷款余额为1612.47亿元，实现了陕西金融资源配置的持续优化。

5.4.3 金融市场价格持续下降

贷款市场报价利率（LPR）改革是深化利率市场化改革的关键一步，是金融供给侧结构性改革的核心。中国人民银行西安分行对金融机构落实 LPR 改革政策情况定期开展监测，将金融机构 LPR 运用纳入利率定价行为评估和宏观审慎评估。目前，陕西金融消费公司 LPR 运用占比已达 100%。陕西不同金融机构对优质贷款客户定价差异明显，贷款市场利率隐形下限已被有效打破，企业融资成本进一步降低。在 LPR 形成机制改革政策的顺利推进下，陕西实体经济融资成本进一步下降，小微企业贷款占比上升，货币政策传导绩效显著提升。2020 年末，存量浮动利率贷款定价基准转换工作顺利完成，LPR 改革引导资金价格持续下降，2020 年 12 月陕西人民币一般贷款加权平均利率为 4.89%，同比下降 0.69 个百分点，小微企业贷款加权平均利率为 5.3%，同比下降 0.53 个百分点。

5.5 金融中心建设成效显现

5.5.1 西安市金融业聚集效应显现

近年来，在各方努力和积极推动下，西安市金融业聚集效应显现，丝绸之路金融中心建设取得一定成效。“十三五”期间，西安市成为全国第七个存款、贷款余额均突破 2 万亿元的副省级城市。截至 2020 年 9 月末，西安市共有银行业金融机构 56 家，证券期货公司 64 家，保险公司 67 家，小额贷款公司 42 家，西安市金融业增加值实现 8.3% 的增速，累计达到 842 亿元，在陕西省金融业增加值中占比为 58.8%，占西安市生产总值的 11.9%，成为西安经济发展的战略性支柱产业之一。陕西持续推进西安丝绸之路金融中心建设，全国股份制商业银行在陕西完成布局，跨境人民币业务辐射 126 个国家和地区，在商务部的全国自贸试验区最佳实践案例评选中，“通丝路”平台成功入选第三批全国自贸试验区最佳实践案例，为开放型经济建设提供有效动力。

5.5.2 金融业成为西安市支柱产业

金融业已成为西安市经济发展的重要支柱产业。2020 年，作为全国金融业增加值排名第 7 位的副省级城市，西安市金融业增加值为 1069.98 亿元，实现 5 年平均增速为 7.7%，年均增加值占地区生产总值的比重达 10.99%。同年，西安市金融机构人民币存款余额为 2.57 万亿元，较 2015 年增长 44.58%，人民币贷款余额为 2.56 万亿元，较 2015 年增长 86.37%，西安市保费收入高达 550.42 亿元，较 2015 年增长 1 倍。2018—2020 年，“全球创投峰会”连续三届在西安市举办，3 年期间，西安市金融机构数量持续增加，其中累计新增注册 203 家风投及创投等股权投资类金融机构，成功获得股权投资的企业有 209 家，已披露融资总额达 172 亿元，实现投资机构融资的新突破。

西安金融业营商环境不断优化。2020 年，《西安丝绸之路金融中心规划》和《陕西省优化营商环境三年行动计划（2021—2023 年）》相继出台，全力打造西安丝绸之路金融中心。该规划指明，到 2025 年末，基本建成依托高新区的金融集聚区，西安市各类金融机构数量增至 215 家，增加对外交流与合作，将西安市打造成为中亚、西亚及欧洲之间金融交流的重要枢纽。

西安地方金融业发展取得新突破。截至“十三五”末，西安市通过审批或备案的各类地方金融组织机构总计 320 家，包括小额贷款公司、融资租赁公司、融资担保公司、商业保理公司、典当行等，业务规模总计达 1460 亿元。其中，西安地方融资担保机构的在保余额超过千亿元，典当行资产总额 5 年内增长接近 1 倍。

5.5.3 西安金融综合竞争力不断提升

在西安国家中心城市建设的推进下，西安金融中心建设持续深入。重大经济金融活动在西安成功举办，如“2019 全球创投峰会”、伦敦金融城代表团来访西安、欧亚经济论坛金融合作分会等。金融产品与服务模式不断创新，如“长安号票运通”“票付通”等，“通丝路”平台被商务部评选为全国第三批“最佳实践案例”，大大助推了西安金融业对实体经济服务质效的提升。2016 年，西安银行成为国内 10 家投贷联动试点银行之一。特别是 2019 年，西安银行实现了 A 股上市，入选央行 LPR 报价行，入选上证 180、沪深 300、罗素指数；2020 年在英国《银行家》全球 1000 家银行排名中列第 337 位，10 年提升 381 位，取得了里程碑式的阶段性发展目标。根据中国（深圳）综合开发研究院 2019 年发布的第十一期中国金融中心指数排名，西安金融综合竞争力在全国 31 个金融中心城市中位居第 11 位。除此之外，西安还分别位列全国金融政策支持第 6 位、金融人才聚集第 9 位和金融生态环境第 10 位，排名均显著提升。在 2020 年中国金融中心指数排名中，西安排名全国第 12 位。

6

对外开放新格局下陕西金融业改革与开放发展存在的问题

6.1 金融组织类型有待丰富

目前，陕西金融机构体系基本建成，但与发达省市相比，陕西金融体系仍然以银行为主，非银行金融机构数量相对偏少，陕西保险公司、证券公司、期货公司、信托公司、私募基金等非银行金融机构的网点数量与资产规模均较少，民营银行、再保险公司与金融租赁公司等法人金融机构仍属空白。截至 2020 年末，陕西省银行业法人金融机构有 153 家，总部设在陕西辖区内的证券公司、基金公司、期货公司、保险公司数量共有 9 家，非银行金融机构灵活多样的业务和满足境内外企业与居民的多种实际金融需求的优势都无从发挥；外资银行仅有6 家，具有保险外汇业务市场准入资格的保险公司仅有 2 家（见表 6 - 1），远低于重庆和成都，缺少像大连或郑州商品交易所等全国知名、有影响力的交易所，会计师事务所、律师事务所及资产评估、信用评级等中介服务机构偏少，不同程度地制约了陕西省金融业的开放发展及外汇业务能力。

表 6 - 1 2020 年末陕西省法人金融机构类型

机构类型	机构名称	成立时间
信托机构	陕西省国际信托投资股份有限公司	1985 年 1 月
	西部信托有限公司	2002 年 7 月
	长安国际信托有限公司	1986 年 5 月

续表

机构类型	机构名称	成立时间
证券公司	开源证券股份有限公司	1994 年 2 月
	西部证券股份有限公司	2001 年 1 月
	中邮证券有限责任公司	2002 年 6 月
银行机构	西安银行	1997 年 5 月
	长安银行	2009 年 8 月
	秦农银行	2015 年 5 月
	陕西省农村信用社联合社	1951 年 12 月
保险机构	瑞华保险股份有限公司	2016 年 12 月
	永安财产保险股份有限公司	1996 年 9 月
基金公司	朱雀基金管理有限公司	2018 年 10 月
期货公司	长安期货有限公司	1993 年 4 月
	西部期货有限公司	1993 年 5 月
金融资产管理公司	陕西金融资产管理股份有限公司	2016 年 8 月
投资公司	陕西金融控股集团有限公司	2011 年 11 月

资料来源：陕西金融网，http：//www. sxfinance. net/ContactUs. aspx.

6.2 直接融资比重明显偏低

党的十八大以来，习近平总书记就提高直接融资比重、优化融资结构、增强金融服务实体经济能力作出一系列重要指示。发展直接融资是资本市场的重要使命。近年来，陕西直接融资规模虽然有所扩大，但占整体社会融资规模比重仍然较低。中国人民银行公布的《2021 年地区社会融资规模增量统计表》显示，2021 年全国有 9 个省份社会融资规模增量突破万亿元，分别是广东、江苏、浙江、山东、北京、四川、上海、湖南、福建。其中，社会融资规模增量最大的广东、江苏、浙江，均超过 3 万亿元。2021 年陕西社会融资规模增量为 6204 亿元，排各地区第 17 位。其中，贷款占据绝大部分——2021 年对实体经济发放的人民币贷款占同期社会融资规模增量的 82.93%，直接融资占比较低。如表 6 - 2 所示，2021 年陕西 66 家 A 股上市公司总市值约1.53万亿元，在全国排第14位；全年新增7家上市公司，在全国排第13位。债券融资方面，根据陕西省发展改革委统计数据，2021年，陕西省共发行企业债券12只，规模120.2亿元，规模占全国比重为2.66%，排名第13位。

表6-2 2021年陕西上市企业及其市值排名情况

排名	证券代码	证券名称	所属行业	所属城市	市值/亿元
1	601012.SH	隆基股份	电力设备	西安市	4665.97
2	600893.SH	航发动力	国防军工	西安市	1691.59
3	601225.SH	陕西煤业	煤炭	西安市	1182.79
4	000768.SZ	中航西飞	国防军工	西安市	1010.56
5	688122.SH	西部超导	国防金融	西安市	427.77
6	002673.SZ	西部证券	非银金融	西安市	360.70
7	600456.SH	宝钛股份	有色金属	宝鸡市	342.95
8	000564.SZ	*ST大集	商贸零售	西安市	327.70
9	300861.SZ	美畅股份	机械设备	咸阳市	311.09
10	601568.SH	北元集团	基础化工	榆林市	293.58
11	601179.SH	中国西电	电力设备	西安市	284.49
12	000516.SZ	国际医学	医药生物	西安市	251.03
13	600707.SH	彩虹股份	电子	咸阳市	244.73
14	300775.SZ	三角防务	国防军工	西安市	242.25
15	601369.SH	陕鼓动力	机械设备	西安市	224.83
16	601958.SH	金钼股份	有色金属	西安市	221.02
17	300487.SZ	蓝晓科技	基础化工	西安市	216.16
18	688167.SH	炬光科技	机械设备	西安市	197.01
19	600928.SH	西安银行	银行	西安市	191.11
20	002411.SZ	延安必康	医药生物	延安市	190.77
21	600248.SH	陕西建工	建筑装饰	西安市	177.07
22	688333.SH	铂力特	机械设备	西安市	172.09
23	601015.SH	陕西黑猫	煤炭	渭南市	132.35
24	000563.SZ	陕国投A	非银金融	西安市	128.04
25	605168.SH	三人行	传媒	西安市	117.75
26	688269.SH	凯立新材	有色金属	西安市	116.70

续表

排名	证券代码	证券名称	所属行业	所属城市	市值/亿元
27	600984. SH	建设机械	机械设备	西安市	108. 30
28	600217. SH	中再资环	环保	铜川市	105. 12
29	300116. SZ	保力新	电力设备	西安市	104. 89
30	300114. SZ	中航电测	国防军工	汉中市	104. 45
31	301031. SZ	中熔电气	电子	西安市	100. 82
32	003009. SZ	中天火箭	国防军工	西安市	95. 99
33	000837. SZ	秦川机床	机械设备	宝鸡市	90. 93
34	002149. SZ	西部材料	有色金属	西安市	90. 42
35	600343. SH	航天动力	国防军工	西安市	88. 07
36	002267. SZ	陕天然气	公用事业	西安市	81. 96
37	300397. SZ	天和防务	国防军工	西安市	79. 15
38	300581. SZ	晨曦航空	国防军工	西安市	77. 54
39	000812. SZ	陕西金叶	轻工制造	西安市	72. 10
40	688550. SH	瑞联新材	电子	西安市	69. 60
41	688101. SH	三达膜	环保	延安市	67. 11
42	002109. SZ	兴化股份	基础化工	咸阳市	63. 70
43	300831. SZ	派瑞股份	电子	西安市	63. 20
44	000697. SZ	炼石航空	国防军工	咸阳市	57. 89
45	600379. SH	宝光股份	电力设备	宝鸡市	53. 53
46	000561. SZ	烽火电子	国防军工	宝鸡市	50. 73
47	834599. BJ	同力股份	机械设备	西安市	44. 48
48	600831. SH	广电网络	传媒	西安市	43. 98
49	835640. BJ	富士达	通信	西安市	41. 11
50	688314. SH	康拓医疗	医药生物	西安市	38. 29
51	688285. SH	高铁电气	机械设备	宝鸡市	38. 27
52	605033. SH	美邦股份	基础化工	渭南市	36. 11
53	600080. SH	金花股份	医药生物	西安市	31. 84
54	300140. SZ	中环装备	环保	西安市	31. 53
55	300164. SZ	通源石油	石油石化	西安市	30. 72
56	002799. SZ	环球印务	轻工制造	西安市	30. 54
57	300103. SZ	达刚控股	机械设备	西安市	30. 33

续表

排名	证券代码	证券名称	所属行业	所属城市	市值/亿元
58	002864. SZ	盘龙药业	医药生物	商洛市	27. 15
59	600665. SH	天地源	房地产	西安市	26. 79
60	603139. SH	康惠制药	医药生物	咸阳市	21. 74
61	000721. SZ	西安饮食	社会服务	西安市	20. 11
62	000610. SZ	西安旅游	社会服务	西安市	19. 58
63	300023. SZ	* ST 宝德	非银金融	西安市	19. 54
64	600706. SH	曲江文旅	社会服务	西安市	18. 44
65	600302. SH	标准股份	机械设备	西安市	17. 34
66	600455. SH	博通股份	计算机	西安市	14. 22

资料来源：Choice、中商产业研究院大数据库。

表6－2中列示的陕西66家上市公司，列入2021年全国上市企业市值500强榜单中的仅有5家，分别居第24位、第106位、第168位、第205位和第479位。

6.3 法人金融机构竞争力弱

从资本实力和资产规模看，陕西多数地方法人金融机构不及东部地区，甚至弱于西部其他省份同类金融机构。根据中国银行业协会发布的以核心一级资本净额排序的“2022年中国银行业100强榜单”（见表6－3），陕西地方法人金融机构上榜3家，分别是西安银行、长安银行和秦农银行，分别排在第60、第85、第94位，资本实力相比西部其他省份较弱，西部其他省份中的成都农商银行、成都银行、重庆农村商业银行、重庆银行、贵阳银行、贵州银行、昆仑银行7家银行均位列全国前50名。

在创新能力、品牌影响力、聚集资源能力方面，西安地方法人金融机构与发达省份城市商业银行和农村商业银行相比也有一定差距。一是陕西跨境金融自主创新不足。金融创新以机械模仿和市场份额争夺为主，缺乏应对新经济形式的自主创新意识和动力，金融产品同质化现象严重，金融机构自主创新的意识和能力亟待提高。二是陕西跨境金融业务发展缓慢。陕西有地方法人金融机构3家，但开办了外汇业务的银行仅有2家，而且业务规模非常小。三是陕西跨境金融创新试点较少。目前，跨境金融创新试点开展均属于自上而下方式，而与地方实际相结合自主探索、自下而上开展的很少。

表6－3　2022年中国银行业100强榜单（以核心一级资本净额排序）

排名	机构名称	核心一级资本净额/亿元	资产规模/亿元	净利润/亿元	成本收入比/%	不良贷款率/%
1	中国工商银行	28863.78	351713.83	3502.16	23.97	1.42
2	中国建设银行	24754.62	302530.79	3039.28	27.43	1.42
3	中国农业银行	20424.80	290691.55	2419.36	30.46	1.43
4	中国银行	18438.86	267224.08	2273.39	28.17	1.33
5	交通银行	7838.77	116657.57	889.39	29.00	1.48
6	招商银行	7043.37	92490.21	1208.34	33.12	0.91
7	中国邮政储蓄银行	6350.24	125878.73	765.32	59.01	0.82
8	兴业银行	5985.56	86030.24	838.16	25.68	1.10
9	上海浦东发展银行	5484.86	81367.57	537.66	26.17	1.61
10	中信银行	5140.78	80428.84	563.77	29.20	1.39
11	中国民生银行	4865.52	69527.86	348.53	29.17	1.79
12	中国光大银行	3747.92	59020.69	436.39	28.02	1.25
13	平安银行	3065.49	49213.80	363.36	28.30	1.02
14	华夏银行	2400.73	36762.87	239.03	29.06	1.77
15	北京银行	2141.02	30589.59	223.92	24.96	1.44
16	广发银行	1867.10	33599.85	174.76	36.40	1.41
17	上海银行	1783.00	26531.99	220.80	21.52	1.25
18	江苏银行	1551.11	26188.74	204.09	22.44	1.08
19	宁波银行	1340.36	20156.07	196.09	36.95	0.77
20	浙商银行	1226.02	22867.23	129.16	25.31	1.53
21	南京银行	1114.23	17489.47	159.66	29.22	0.91
22	重庆农村商业银行	1010.74	12658.51	97.18	27.52	1.25
23	上海农商银行	953.04	11583.76	100.47	29.95	0.95

续表

排名	机构名称	核心一级资本净额/亿元	资产规模/亿元	净利润/亿元	成本收入比/%	不良贷款率/%
24	渤海银行	841.48	15827.08	86.30	32.88	1.76
25	徽商银行	803.06	13836.62	117.85	24.45	1.78
26	盛京银行	796.98	10061.26	4.31	36.26	3.28
27	恒丰银行	743.97	12172.59	63.48	37.51	2.12
28	杭州银行	728.67	13905.65	92.61	27.30	0.86
29	广州农商银行	716.18	11616.29	37.76	26.08	1.83
30	北京农商银行	703.85	10752.02	75.78	36.81	1.17
31	厦门国际银行	646.35	10071.69	58.00	31.89	1.06
32	锦州银行	568.81	8496.62	1.02	22.68	2.75
33	天津银行	563.30	7199.04	32.14	23.81	2.41
34	哈尔滨银行	502.04	6450.46	3.99	38.28	2.88
35	中原银行	500.83	7682.33	36.33	35.95	2.18
36	长沙银行	491.43	7961.50	65.70	28.44	1.20
37	成都农商银行	481.90	6181.71	45.03	28.26	1.65
38	贵阳银行	481.68	6086.87	62.56	27.46	1.45
39	东莞农村商业银行	476.89	5933.61	57.03	34.18	0.84
40	成都银行	462.11	7683.46	78.31	22.80	0.98
41	深圳农村商业银行	459.50	5868.54	62.05	32.34	0.84
42	广州银行	456.74	7200.97	41.01	25.05	1.57
43	重庆银行	432.14	6189.54	48.59	21.44	1.30
44	郑州银行	399.49	5749.80	33.98	22.98	1.85
45	吉林银行	394.06	4883.35	17.64	39.30	1.79
46	贵州银行	382.69	5038.80	37.06	31.09	1.15
47	江西银行	358.12	5085.60	21.12	31.46	1.47
48	昆仑银行	352.12	3552.34	25.40	36.30	0.95
49	苏州银行	331.86	4530.29	32.87	32.02	1.11
50	顺德农村商业银行	320.08	4057.24	35.71	34.92	0.96
51	甘肃银行	317.88	3585.05	5.73	34.52	2.04
52	江南农村商业银行	316.79	4627.10	31.28	28.52	1.33

续表

排名	机构名称	核心一级资本净额/亿元	资产规模/亿元	净利润/亿元	成本收入比/%	不良贷款率/%
53	四川银行	310.46	1848.20	6.39	45.09	1.59
54	天津农商银行	302.81	3727.54	25.30	32.75	2.24
55	大连银行	299.42	4557.00	8.02	33.11	2.46
56	青岛农商银行	292.79	4304.38	30.92	29.22	1.74
57	河北银行	285.22	4416.03	22.76	28.94	1.77
58	深圳前海微众银行	276.79	4387.48	68.84	34.84	1.20
59	湖北银行	276.24	3511.20	17.56	29.64	2.10
60	**西安银行**	**275.33**	**3458.64**	**28.07**	**26.06**	**1.32**
61	华融湘江银行	273.28	4259.84	30.75	24.82	1.90
62	东莞银行	271.73	4827.84	33.20	34.55	0.96
63	齐鲁银行	269.76	4615.03	30.72	26.27	1.35
64	九江银行	266.51	4687.56	17.85	28.57	1.41
65	汉口银行	258.89	3468.69	12.50	35.09	2.87
66	杭州联合银行	255.87	3468.69	28.81	29.33	0.88
67	青岛银行	249.11	5222.50	29.93	33.91	1.34
68	武汉农村商业银行	242.99	3727.58	10.95	41.54	2.55
69	兰州银行	238.33	4003.41	16.03	29.05	1.73
70	南海农村商业银行	233.10	2485.72	30.43	32.96	1.08
71	台州银行	227.65	3161.58	42.28	36.79	0.96
72	桂林银行	222.68	4425.58	14.48	35.70	1.69
73	温州银行	221.56	3247.97	1.98	38.86	0.75
74	晋商银行	218.73	3032.92	16.79	36.83	1.84
75	浙江稠州商业银行	213.50	2960.46	18.47	34.11	1.42
76	蒙商银行	213.05	1727.00	6.14	53.96	4.15
77	浙江泰隆商业银行	210.43	3125.53	36.28	45.02	0.93
78	富滇银行	206.18	3220.15	6.17	39.69	1.99
79	厦门银行	204.11	3294.95	22.13	34.56	0.91
80	广西北部湾银行	203.34	3605.32	20.35	29.69	1.27
81	常熟农商银行	199.77	2465.83	23.41	41.40	0.81

续表

排名	机构名称	核心一级资本净额/亿元	资产规模/亿元	净利润/亿元	成本收入比/%	不良贷款率/%
82	廊坊银行	199.14	2435.51	14.38	33.48	2.01
83	威海市商业银行	196.62	3045.21	18.92	20.50	1.47
84	广东华兴银行	195.17	3744.24	31.29	38.11	0.89
85	**长安银行**	**193.74**	**3781.81**	**20.24**	**34.05**	**1.83**
86	四川天府银行	186.52	2262.18	8.64	49.40	2.37
87	辽沈银行	186.38	2250.13	11.95	84.11	6.02
88	珠海华润银行	185.98	2793.17	18.53	32.92	1.78
89	萧山农商银行	180.85	2389.91	16.37	21.21	0.86
90	唐山银行	180.79	2165.55	15.49	29.01	1.03
91	广东南粤银行	178.75	2071.39	3.67	57.25	1.62
92	龙江银行	177.39	2829.64	6.89	41.75	3.31
93	重庆三峡银行	175.12	2403.66	14.97	26.63	1.33
94	**秦农银行**	**170.02**	**3385.81**	**16.53**	**45.51**	**2.42**
95	佛山农村商业银行	168.80	1679.57	13.96	44.63	0.74
96	张家口银行	165.73	2931.11	11.36	35.62	2.56
97	乌鲁木齐银行	162.24	1814.21	9.65	35.74	1.67
98	九台农商银行	158.97	2341.40	12.90	46.90	1.88
99	紫金农商银行	157.24	2066.66	15.15	35.85	1.45
100	宁波鄞州农村商业银行	152.19	1851.51	16.24	30.74	0.96

资料来源：中国银行业协会。

6.4 金融业综合竞争力有待加强

一是陕西金融业改革试点政策和措施及金融机构自主创新动力有待加强。从企业角度来看，主要体现在部分试点改革政策门槛高和试点政策运用企业数量占比不高，导致金融改革开展不顺；从金融机构角度来看，金融外汇便利化措施落实不到位，主要体现在银行要求企业反复提供材料和对“走出去”的内保外贷业务存在“宁可不办，也不冒风险办理”的消极心理，跨境金融的自主探索和创新较少，金融机构主动创新适应涉外经济发展的内生动能不足。

二是受经济开放程度较低的影响，金融业开放创新步伐相对较慢，跨境业务、离岸金融业务规模较小，对“两个市场、两种资源”的运用能力不足；金融创新也相对滞后，科技型企业、初创企业、小微企业的金融服务需求未能得到充分满足。

三是陕西在2021年全国金融业竞争力排行榜中位列第18位，排名处于中间靠后（见表6－4）。《新财富》采用宏观经济实力、金融业发展程度、金融机构实力、融资能力、资本化程度、民间资本活跃度六大维度下的25个指标，评价国内31个省份的金融实力。

表6－4　2021年国内31个省份金融竞争力排名

排名	地区	得分总计
1	北京	5.44
2	广东	4.77
3	上海	4.10
4	江苏	3.92
5	浙江	3.90
6	山东	3.36
7	福建	3.05
8	四川	3.03
9	河北	2.96
10	河南	2.93
11	天津	2.91
12	湖北	2.87
13	安徽	2.84
14	湖南	2.78
15	江西	2.74
16	辽宁	2.73
17	重庆	2.71
18	**陕西**	**2.69**
19	云南	2.68

续表

排名	地区	得分总计
20	甘肃	2.67
21	广西	2.66
22	山西	2.65
23	贵州	2.64
24	新疆	2.61
25	西藏	2.57
26	吉林	2.56
27	海南	2.55
28	黑龙江	2.53
29	内蒙古	2.48
30	宁夏	2.41
31	青海	2.40

资料来源：证券时报社中国资本市场研究院与《新财富》。

6.5 金融涉外经济活力有待提升

金融机构缺乏相应的国际化布局。近年来，中资银行保险机构支持“一带一路”建设取得显著进展。一是中资银行保险机构稳步扩大机构海外布局。近年来，我国金融机构纷纷在“一带一路”沿线国家设立其分支机构。截至2020年末，共计有11家银行机构设立一级分支机构80家，涉及29个国家，有3家保险机构分别在印度尼西亚、新加坡、马来西亚设有营业性分支机构7家。二是有力支持和保障“一带一路”项目融资需求。加强多方交流与合作，结合“一带一路”建设的实际需求和金融科技发展，自主创新，培育并扩大发展“一带一路”人民币业务，健全“一带一路”金融服务平台建设，科技赋能“一带一路”建设，助力人民币国际化。履行社会责任，推动“一带一路”互联互通，深化务实合作，加强风险防范措施和策略沟通，提升各类风险识别、防范和化解能力，促进协同联动发展。三是持续扩大和深化跨境金融监管与合作。近年来，我国通过与境外的金融监管当局签署监管合作协议或监管合作谅解备忘录（MOU）推进跨境金融的监管与合作。截至2020年末，与我国达成合作的国家和地区有84个，其中“一带一路”沿线国家有37个，共计签署的协议和备忘录有122份。此外，通过高层和跨部委双多边对话机制进一步加强跨境监管合作。中国人民银行西安分行和国家外汇管理局陕西省分局长期支持地方法人金融机构加强跨境金融服务，如允许“长安号”沿线相关国家和地区金融机构直接或间接参与“CIPS”（人民币跨境支付系统），提高人民币跨境结算清算效率。然而，中资金融机构境外布局多集中在相对成熟的金融市场，如东南亚、西亚和俄罗斯等，在非洲、中东等新兴的金融市场却相对较少，导致新兴市场金融供给与服务不足。比如，陕西汽车控股集团有限公司在非洲的汽车制造业务发展势头很好，但因缺乏人民币业务服务机构，且对在当地银行办理开户、汇兑、结算等业务的境外企业设置了诸多限制，最终导致“走出去”企业在非洲地区的跨境结算难以实现，极大地限制了中资企业对外发展和参与“一带一路”建设。

海外金融服务与产品开发创新不足。构建开放型经济新格局对金融开展跨境服务提出了新需求，“海外陕西”的金融建设需快速启动。然而鉴于现阶段比较落后的发展水平，陕西海外金融服务在国际上的影响力仍非常有限。一是陕西虽已启动海外产业基金建设，但海外产业基金的整体规模仍较小，管理水平亟待提高，且规范化的运作环境尚不健全。二是人民币离岸金融业务和跨境双向人民币资金池业务有待进一步推进。为响应国家号召，陕西省内的多家大型央属、国有及民营等企业已成功“走出去”，积极在非洲、东南亚等地开展电力、交通等建设工程，并投资布局海外光伏产业和市场，但囿于金融机构业务创新不足，传统的金融服务无法提供配套的融资产品和避险工具，未能满足“走出去”企业对金融服务的新需求。一方面，陕西海外金融机构数量偏少，尚未实现金融机构覆盖陕西以外地区；另一方面，金融业务单一，缺乏信托保障基金支持、融资支持、“一站式”

平台建设、退税政策等方面的金融产品和服务。同时，过高的海外投资保险费率，不仅增加了融资成本，也加重了企业海外投资的压力和障碍。总之，在为企业发展对外贸易、拓展海外业务、拓宽融资渠道、自贸区金融创新以及助力中资企业“走出去”等方面，陕西金融服务水平与能力仍亟待进一步提升。

6.6 金融科技应用与发展亟须加强

2020 年 8 月 31 日，以“金融与科技”为主题的首届丝路（西安）前海园峰会在西安高新区成功举行。此次峰会是“前海模式”在内陆的复制推进，旨在助力陕西全力打造现代化、市场化、国际化、集群化的金融生态，推动陕西金融开放发展。近年来，陕西金融机构多渠道多方式积极服务于科技创新领域。截至 2021 年末，陕西金融机构科技型企业贷款余额达 1136 亿元，累计提供科技风险保障资金 159 亿元，累计发布科技金融产品 58 款，其中 9 款专属“秦创原”服务产品，“供链融通”新平台与“信易贷”“金服云”等既有平台均实现快速上线和扩面增效，且已成功落地政府性融资担保基金 10 亿元；陕西各级政府加速设立各类引导基金，其中省级政府引导基金参与设立的子基金累计 12 只，总规模达 104 亿元，且已成功落地 100 亿元西安市科创母基金，私募股权基金新备案 215 只，规模为 116.72 亿元，在陕西新增 583 个全国私募股权基金投资项目，投资本金达 397 亿元；新增 10 家境内外上市企业，其中同力重工股份有限公司作为西咸新区的企业在北交所成功登陆，新增 10 家“新三板”上市公司，居全国第 3 位，科创企业利用资本市场成功募集资金合计 252.27 亿元，其中债券融资和股权融资额度分别为 146.80 亿元和 105.47 亿元。2022 年以来，新增 3 家上交所科创板上市企业，新增过会 2 家；上海、深圳和北京证券交易所分别设立驻陕服务基地，“秦创原”路演中心、陕西首家“首贷服务中心”、全国首家省级资本市场服务中心相继在陕西落地运营，各银行类金融机构在陕西设立了 65 家分支机构，其中中国工商银行陕西省分行、中国农业发展银行等国家大型金融机构相继在陕西省西咸新区设立陕西省分行、金融科技研发中心等省级分行和区域性服务机构。

从国内外金融中心的建设经验来看，金融中心建设要结合区域特点和地方实际，突出特色错位发展，从而逐步形成独特的竞争优势。目前，陕西金融业发展仍以传统金融业务为主，在大数据、云计算、人工智能、区块链等新技术方面应用不足，金融产业尚未形成明显的品牌竞争优势。金融机构的产品趋同，模式类似，同质性竞争严重，差异化定位、服务和品种不足。

7

对外开放新格局下陕西金融业改革与开放发展的效应

7.1 经济效应

7.1.1 促进投资增长和提高投资效率

在新古典增长模型中，经济增长的因素归为技术进步、劳动和资本投入。多数对金融开放促进经济增长的研究，着眼点都落在了投资因素上，对于发展中国家而言，由于国民储蓄水平较低，难以支撑经济起飞所需要的大量资金需求。金融开放使得拥有相对充足资本的发达国家可以将资本转移到资金缺乏、投资潜力巨大的新兴市场，这不仅给发展中国家经济增长带来直接收益，也给发达国家自身带来好处，因此，金融开放增进了经济福利。

金融开放改善了资本配置，有助于减少金融市场扭曲现象，提高资本产出效率，服务消费者，服务实体经济。中小企业是发展中国家和发达国家经济增长的引擎，是创新的源泉，也是社会就业的吸附器。对于中小企业而言，融资是制约其增长的重要“瓶颈”。研究表明，金融市场开放能够减少金融市场的扭曲现象，促使资本进入这些中小企业。Bartolini 和 Drazen（1997）认为金融开放就是取消资本流动限制，允许并接受外国投资，进而推动一国经济持续稳定发展。Stulz（1999）分析检验了金融全球化对预期收益的影响，他认为，由于存在代理成本，收益尽管不如理论预期那样显著，但金融开放确实降低了企业融资成本。Bekaert 和 Harvey（2000）认为金融开放可以降低资本成本，促进投资。金融开放不仅可以拓宽投融资渠道和降低融资与生产成本，而且有利于专业化发展和规模经济效应的实现（Imbs and Wacziarg，2003）。Klein 和 Oliveil（2008）认为资本账户开放有助于提高国内金融市场的流动性、降低融资成本、提高资金配置效率。Calderon 和 Kubota（2009）利用 145 个国家的数据实证研究了金融开放和金融发展的关系，发现两者存在显著正相关关系，金融开放有利于扩大私人信贷以及促进银行业、证券业的发展。从资产组合选择的角度分析，金融开放带来的资金流入降低了国内利率和无风险收益率，从而降低了资本的成本。有学者用 74 个国家的数据实证发现，银行的分布过度集中，会导致企业融资的困难增加，此时外资银行服务的介入，能够降低融资阻碍。Obstfeld（1998）以政府的可信度和透明度为角度分析并提出，金融开放有助于提升“优质”政策效能，同时会加倍惩罚“劣质”政策，从而促使政府部门强化政策制定的科学性和提高政策的实际效能，完善和健全宏观政策制度，减少和避免政策失误引起的经济损失。

根据凯恩斯需求理论的观点，金融开放能够提升投资转换效率从而促进投资的增加。在简单的 IS－LM 模型中，封闭条件下一国的 IS 曲线可以表示为：

$$Y = \frac{1}{1-a}(A - br) \quad (7-1)$$

式（7－1）中，Y 代表均衡国民收入，a 代表边际消费倾向，A 代表自发性支出，b 代表投资的利率摊销，r 代表利息率。当出现金融开放时，会提高储蓄向投资转换的效率，假设转换效率为 β（$0<\beta<1$），则 IS 曲线变为：

$$Y = \frac{1}{1-\beta a}(A - br) \quad (7-2)$$

即 IS 曲线向右上方移动，根据 IS－LM 模型易得，均衡国民收入会增加。

7.1.2 分散投资风险和稳定增长效益

资本流入能够弥补国内储蓄不足，推动资本积累，提高经济效率，除此之外，通过跨国资产组合来降低消费的风险，实现资产组合多样化的选择，在资本的输入者和输出者之间分散风险是金融开放的又一收益。改进的风险分散机制可以降低资本成本，从而吸引投资，风险分散机制的改进也会导致对拥有更高预期回报率的项目的投资。金融开放和全球化分散了投资风险，提高了消费水平，从而具有稳定增长效应（Obstfeld，1994）。金融开放打破了国内市场分割，使国内市场与国际市场趋向一体化，新兴国内市场风险向国际市场分散，从而降低了新兴市场的风险溢价。实证研究中，在资本市场开放后出现了经济波动性的下降，这意味着风险分散（Bekaert et al.，2006）。

金融服务开放有助于降低金融风险，提升金融系统的稳定性。开放金融市场可以分散风险，增进经济福利。多位学者的研究表明，在国内金融市场发生系统性风险、信贷收紧的时期，有外资机构服务进入的地区，会为当地的企业和金融机构提供额外的信贷资助。除对东道国的投资水平和效率产生影响以外，金融开放使经济主体可以通过跨境资产组合来降低投资风险，实现投资组合多元化，引导投资流向，改善资源配置，进而促进经济增长（Chinn and Ito，2006）。Obstfeld（1992）构建了一个全球资本风险分散的随机模型考察金融开放效应，认为资本市场开放有利于分散风险，提高消费水平。Stulz（1999）从股票市场角度考察金融开放的风险分散效应，发现资本账户开放增加了风险资产组合的数量，从而有利于分散风险。而风险分散可能性的增加可以促进国内外投资者的投资行为，从而促进经济增长；另外，随着金融开放的推进，金融市场流动性的增加会降低股权风险溢价，资本账户自由化可以让企业更容易以较低的价格得到境外资本，从而降低筹资成本，对经济长期增长有正向作用。

7.1.3 提高金融技术水平和金融系统效率

金融开放引入了竞争，竞争促进了国内银行业效率的提升（Claesens et al.，2001），金融中介的改善可以促进增长（Greenwood and Jovanovic，1990）。金融开放给发展中国家带来前沿金融技术，通过采用更好的政策和制度，这些国家获得了更先进的前沿金融技术（Klenow and Rodriguez - Clare，1997），根据内生增长理论，技术改进可以促进增长。金融开放还可以降低资本成本，改善公司治理。上市公司处于全球资本市场之中，采用国际会计准则，有利于包括外国投资者在内的股东加强对公司管理层的监督；同时，市场规模的扩大使公司接管市场有效运作，强化了对公司的激励，这些都会直接或间接地提高运营效率和收益水平（Claesens et al.，2001；Galindo et al.，2002；Stulz，1999；Moel，2001）。所以，金融开放能够促进经济增长，不是因为它改变了资金禀赋，而是因为它改变了全要素生产率，使各国的全要素生产率收敛，如果金融开放可以看成政策改进的一方面，那么全要素生产率会因为金融开放而提升。在这里，金融开放作用于经济增长的渠道，不再仅仅是提高资金的使用量和投资的效率，而是提高了全要素生产率，从技术进步的角度影响经济增长（Gourinchas and Jeanne，2002）。

金融自由化也会促使国内金融系统提高效率。Levine（1996）等认为，金融开放可以拓宽一国获得资本的渠道，拓展一国金融市场额广度和深度，增加东道国金融市场的竞争性，进而提升金融效率，提高资源配置效率。Klenow（1997）则指出，金融开放除增强了金融市场的竞争性，还给发展中国家带来了先进的金融技术和管理知识，这有利于促进一国金融技术的进步，缩小与发达国家的差距。Godlberg（2004）在对金融行业的FDI研究中发现，FDI除了能促进经济增长，还能提高新兴经济体的金融监管水平。Wurgler（1999）分析认为，发达国家的金融体系比发展中国家更加有效，金融开放后国际市场一体化能够提高发展中国家的资本配置效率，从而有利于经济稳定增长。Jain－Chandra（2002）证实，资本市场开放明显改善了新兴资本市场的流动性和信息有效性，确实具备改善资源配置效率的微观基础。消除金融抑制会对经济增长发挥正向的作用，因为利率会趋向于市场均衡水平，从而提高资源分配的效率。

7.1.4 促进技术进步和全要素生产率提高

金融服务业开放能够引入先进管理模式、运营模式和产品技术。学者们用数据证实，在发展中国家引入外资银行能够显著提升行业的运行效率，推动内部改革，使本土消费者受益。这个观点在我国也得到印证，正如周小川（2018）指出的，“当年我国引入外资银行，最开始期望引入资本，回头来看，国内商业银行从竞争中学到了很多内容，为我国金融业带来产品演变、市场建设、业务模式、管理经验等一系列变化”。从实践来看，外资机构为我国银行业、证券业、保险业带来了新的变革，在放贷、风控、风险定价方面，外资银行为我国相关业务提供了丰富的国际经验。我国第一家村镇银行是香港上海汇丰银行设立的，无抵押信用贷款是渣打银行试点发起的。虽然外资银行在中国经营并不占优势，净息差是各类型商业银行中最低的，但是外资银行经营稳健，坏账率长期保持最低水平（0.69%），远低于我国银行业的整体不良率1.83%。数据表明，虽然外资银行在国内经营优势不足，经营范围仍有限制，但是其服务标准、稳健经营的传统，值得国内银行业借鉴。考虑到外资金融服务企业的实际表现，进一步扩大外资企业在金融服务领域的开放程度，增加其经营范围是可行的。

Kose等（2009）利用129个国家和地区的宏观数据通过实证研究发现，金融开放能够显著提高东道国或地区的全要素生产率。Bekaert等（2011）研究表明，金融开放对全要素生产率的影响比资本增长更为明显，认为金融开放会对东道国股市与银行业发展和机构质量产生影响，而且这些影响往往是长期性的而不是暂时性的。Larrain 和 Stumpner（2017）运用公司层面的数据验证了资本账户开放可以让企业更容易以较低的价格得到境外资本，有利于降低公司间资本回报的分散性，这种效应对于依赖外部融资的部门更为明显。同时，资本账户开放使受金融约束的企业在更有效的水平下要求更多的资本和生产，从而改善资本配置，提高生产效率。

如前所述，金融开放不仅可以拓宽投融资渠道和降低成本，更有利于专业化发展和规模经济效应的实现。金融开放通过取消资本流动的限制，提升资金在国家之间的自由流动，优化资金配置，提升资金使用效率，支持和推动经济发展。除此之外，金融开放还能优化政策制定体系和制度，提升政策制定的科学性和执行效能，从政策保障方面推动经济发展。

7.1.5 改善国内制度因素和经济治理

金融开放有助于政策制度、激励机制、市场规则等制度体系的进一步健全，提高制度效率，进而提升中国金融企业和金融市场的实力，为中国金融业参与国际竞争提供坚实基础。同时，金融开放还有助于加快金融业相关制度规则与国际接轨，实现制度性、系统性开放，从而进一步推动金融开放和发展。因此，建立专业化、国际化的信息披露制度，不断健全符合国际惯例的开放型金融制度体系，构建与国际接轨的金融配套制度是重中之重，例如金融深化、提高国内金融机构质量等。从发达国家的经验来看，如果金融开放仅是带来资本的重新分配，资本账户自由化不会给发达国家经济带来显著的增长，因为国际资本的分配不是各国发展不均衡的主要原因，但是资本账户开放和其他政策结合在一起，就会综合发挥作用。

Sachs 和 Warner（1995）强调政策选择，诸如对私有产权的尊重，开放国际贸易，对于长期增长来说至关重要。Obstfeld（1998）指出，金融开放能够提高民众对政府未来政策的信任度，因为金融开放会对合理的政策给予更多的回报而对不合理的政策给予更多的惩罚，从而引导一国实施更有纪律性的宏观经济政策。Bakaertet 等（2001）认为，金融开放可以给政府带来更多的外部压力，进而迫使一国政府实施一系列政策措施，提高政策质量。Gourinchas（2007）则进一步将金融开放的作用描述为健全和改善宏观及政策的“外在装置”。

7.2 社会效应

7.2.1 引导实现社会资源效率最大化、最优化

新古典理论从资源优化配置的角度分析指出，资本在国际的自由流动有助于资源在世界范围内的有效组合和配置，从而提升资金的使用效率，发挥资金的最大效用，最终推动福利水平的提高。Sachs 和 Warner（1995）的实证研究发现，在资本账户开放后 5 年内，人均 GDP 发生 1% 的年度增长的同时，资本账户开放的国家消费波动性下降，从而增加了社会收益。黄培雄（2007）认为，金融开放通过发挥经济比较优势可给经济带来潜在社会福利的巨大增益，进而实现经济增长和人民生活水平的提高。Edison（2002）研究认为，金融开放意味着开放经常账户和资本与金融账户，开放资本与金融账户有助于提高国际资本的配置效率，使资本稀缺国在国际资本的帮助下加速国内资本积累，实现消费平稳化，进而增进社会福利。金融开放使得拥有相对充足资本的发达国家可以将资本转移到资金缺乏但是投资潜力巨大的新兴市场，这不仅给发展中国家经济增长带来直接收益，也给发达国家自身带来好处，因此，金融开放增加了母国和东道国双方的社会福利。

陕西金融业改革与开放发展对提升陕西金融及其服务陕西实体经济的能力具有重要作用，将成为陕西经济跨越式发展的不竭动力。陕西金融服务触角不断延伸，金融服务更趋多元、更趋精准。金融统计数据显示，计划经济时期金融对经济发展的支持与促进主要表现为企

业提供信贷资金支持。1978 年末，陕西累计发放工商企业贷款余额达 47.14 亿元，在当年陕西省贷款总额中占比为 91.87%。随着国家对外开放的推进，信贷资金的投放出现了转变，更多地体现在贷款的市场化、多元化和居民化等特征上，信贷结构更加科学合理。2018 年末，陕西非金融企业和机关团体贷款余额达 22070.41 亿元，在当年各类贷款余额中占比为 72.33%，是同期各类企业贷款余额的 468 倍；陕西省住户贷款余额达 8441.91 亿元，在各项贷款中比重达 27.67%。长期以来，金融业持续加大对社会经济重点和薄弱领域的支持力度，金融服务已从初期的工商企业贷款独大扩展为包括企业、民生、普惠及绿色金融等方面，推动“三农”、小微企业、大众创业、绿色环保等薄弱领域共享金融业改革发展的成果。

7.2.2 增加金融创新收益并提高社会福利

金融开放促使金融企业通过提供比以前更多种类（包括银行类、证券类、保险类、租赁类和投资类）的金融服务和金融同类产品的创新，获得因为服务增量产生的收益，这些收益不仅能增进金融集团内部员工的福利，而且也能增进全社会的福利。前者通过集团内部员工的利益再分配获得，后者则可以通过两种途径达到改善社会福利的目的，一种途径是通过财政税收的形式上缴给国家，再通过国家的社会保障体系转移给全社会，提高全社会的福利；另一种途径是通过增加消费者剩余的方式转移给消费者。

Robert（2004）从汇率制度角度进行分析提出，货币联盟具有一定的社会福利效应。他认为货币联盟不仅可以消除浮动汇率制度和高度贸易开放对社会福利效应的减弱，并且有助于社会福利的提高。Gourinchas 和 Jeanne（2006）通过新古典理论与实证分析指出，高水平的金融开放有益于国内福利的增加。Yellen（2011）指出，全球自由开放可以使各国在世界范围内实现风险分担，从而提高各国及世界整体福利。金融开放可以为消费者提供多样化的投资方式和投资组合，从而在更大范围内分散和降低风险。Koster（2014）通过对67个国家国民态度的考察，分析了经济全球化与社会福利状态的关系。他认为，经济开放程度较高的国家，其国民也会得到比较高的社会福利。姚斌（2006）以新开放宏观经济学中两种汇率制度为视角，实证分析了汇率制度类型、国家规模以及对外开放程度对社会福利的影响，研究发现，实行浮动汇率制的国家，其对外开放程度越高，社会福利越高，且高于固定汇率制国家。韩其恒和李俊青（2010）从资本市场与经济发展关系的角度，通过对金融深化与个体福利的影响研究表明，资本市场不发达的国家，其储蓄率相对较高，利率水平则较低，进而会减少个体福利。

7.3 生态效应

7.3.1 构建绿色低碳金融服务体系，助力产业生态化转型

在社会经济快速发展的过程中，环境污染、资源过度消耗等严重影响了人们的生活福利水平，生态环境问题的研究日益增加，生态经济学家已将其列入社会福利的研究范围。生态产业与产业生态化发展均对金融发挥宏观经济调控功能提出了新要求。

在市场行为下，绿色金融是生态文明建设及产业生态化转型中不可或缺的投融资手段。金融发展可为产业生态化转型提供大量的资金及技术创新支撑，同时通过调动各类投资主体的积极性，拓宽投融资渠道，并通过利益机制激励产业进行生态化改造。金融业的改革发展趋向绿色金融业务，注重对污染治理、环境保护、生态技术创新、生态产业发展及产业生态化等领域的投融资支持，同时，多方式多渠道引导并聚集社会资源，为支持服务生态产业和产业生态化发展发挥金融力量，协调好经济发展与生态保护的关系，推动经济可持续发展。目前，绿色金融对产业生态化发展的支持是将生态理念融入金融行为中，具体的方式主要包括绿色信贷、绿色证券、绿色保险及风险投资

等，并通过金融市场行为，转变金融发展模式，形成有利于生态保护、资源节约的绿色金融模式，发挥好绿色金融对生态产业和产业生态化发展的强大支撑作用。

2021年，为进一步完善绿色金融政策框架和激励机制，引导金融体系支持绿色投融资活动方式的市场化，提升陕西省绿色金融支持经济发展的质效，中国人民银行西安分行、陕西省银保监局、陕西省证监局、陕西省发展改革委、陕西省财政厅、陕西省生态环境厅以及陕西省地方金融监管局联合发布了《关于金融支持陕西省绿色发展助推实现碳达峰碳中和目标的指导意见》。该意见指出，要显著加大陕西绿色金融的融资支持力度。参考实行3个“不低于”目标的考核激励制度，调整绿色模式信贷投放及力度和绿色信贷结构，完善绿色金融模式和服务体系。同一时期发行的绿色债券规模增量不低于债券总规模的增量，稳步加强绿色保险保障的广度、深度和密度，持续增加绿色产业相关企业的上市数量，形成完善的绿色金融服务体系和绿色金融发展模式。同时，完善组织管理，强化和落实政策措施的保障效能，并大力开展绿色金融的国际合作，助推绿色金融服务区域生态产业和产业生态化发展。

7.3.2 促进国内外金融机构间的节能减排融资项目合作

绿色发展需要金融支撑，加强引进国际资金是绿色发展的重点之一。当前，欧美等发达国家的许多国际机构投资者倾向于绿色产业领域，而新兴市场国家和地区有着巨大的绿色项目融资需求。在经济全球化和国际合作的推动下，跨国投融资活动具备了良好的基础条件，绿色项目融资可得性也大大提高。2007年6月1日，国际金融公司（IFC）作为北京银行的境外投资者，与北京银行签署了中国能效融资项目合作协议。根据协议，北京银行获得了IFC提供的1.3亿元人民币（约1700万美元）的风险分担担保，以及为中小企业能效项目提供的3亿元人民币（约3900万美元）贷款支持。2008年，IFC再次与兴业银行展开中国节能减排领域的第二期合作。此次合作，兴业银行获得了IFC为其发放的15亿元人民币（约合2.1亿美元）节能减排项目贷款提供的1.04亿美元的贷款风险分担，此次合作的贷款风险分担额度是第一期额度（2500万美元）的4倍多。2008年6月17日，IFC与上海浦东发展银行签署合作协议，旨在支持中国节能减排项目建设。浦发银行获得了IFC为其发放的10亿元人民币（约1.45亿美元）节能减排项目贷款提供的5亿元人民币（约7250万美元）的贷款风险分担。2015年9月，中美绿色基金（中美建筑节能与绿色发展基金）宣布设立，该基金作为专注于中国绿色发展的专业投资机构，由中美企业共同投资，创建之初从建筑领域入手，进而拓展到与绿色相关的近十大产业，拥有强大的中美战略资源和网络，具备丰富的国际投资经验，能有效整合中美最优秀绿色技术和服务并提供整体技术解决方案。2016年，中美绿色基金开展与城市间的合作，建立了建筑节能与绿色发展市级基金，进一步深化了国际先进的节能减排技术在中国的借鉴与应用。

7.3.3 在合作与借鉴中提升碳金融业务领域的竞争优势

我国勇担国际责任，全面实施绿色转型，体现了全球经济绿色转型和全球环境治理中的大国担当，贡献了一系列中国方案和中国智慧。目前，全球自愿性绿色信贷原则主要代表为赤道原则。该原则的目标是金融机构提供对外融资的环境与社会最低行业标准，从而推动全球各大商业银行有效执行绿色贷款，达到环境、社会与企业发展的统一。2008年10月，兴业银行成为我国首个加入赤道原则的银行；2010年1月，浦发银行对外发布了《建设低碳银行倡议书》，致力于打造“低碳银行”；民生银行基于清洁发展机制（CDM）推出了节能减排融资项目，向符合条件的碳减排项目发放碳减排贷款，赋能绿色金融，助力绿色转型。

2021年初，中国人民银行西安分行引导陕西省金融机构把碳排放权、排污权等环境权益纳入抵押品范围，持续加大对绿色产业信贷支持力度。2021 年 10 月，中国人民银行西安分行联合陕西多家相关部门发布《关于金融支持陕西省绿色转型发展 助推实现碳达峰碳中和目标的指导意见》，旨在完善绿色金融体系，支持陕西省绿色转型发展。该意见指出，大力培育陕西区域绿色交易市场、建设陕西区域绿色金融试点，并开展国际绿色金融合作，推进陕西区域绿色金融创新发展。同时，中国人民银行西安分行等部门要强化政策保障，通过加强货币政策工具运用、开展绿色金融统计监测、建立绿色信息共享机制、加强政策宣传等方式强化激励约束，增强部门合力，确保政策高效落实。

8

对外开放新格局下陕西金融业改革与开放发展面临的机遇与挑战

8.1 对外开放新格局下陕西金融业改革与开放发展面临的机遇

8.1.1 国际宏观经济形势

当前，全球发展面临新形势、新机遇、新挑战。在新冠疫情和地缘政治的双面夹击下，全球都处在前所未有的巨大不确定性中，如何促进世界经济稳定复苏并实现可持续发展，成了全球新的篇章。《亚洲经济前景及一体化进程2022年度报告》指出，2021年，亚洲在全球新冠疫情下实现了率先复苏，依然是全球经济增长的重要引擎。除个别国家外，亚洲经济体整体稳定且增速均高于上一年度。2021年亚洲经济体加权实际GDP增速为6.3%，较上年高出7.6个百分点，亚洲经济总量在世界中的占比已提升至47.4%。作为在整个亚洲经济体总量中占比近半的国家，我国正发挥着重要的领头羊作用。在亚太经济合作组织（APEC）等经济合作机制的推动下，亚洲经济一体化的步伐加快，生产、贸易、金融、旅游等各个领域的融合也日益深化。

2021年9月，中国正式提出申请加入《全面与进步跨太平洋伙伴关系协定》（CPTPP）。作为目前全球开放水平最高、规则标准最高的贸易与投资协定，CPTPP代表着未来多边贸易体制发展的方向与趋势，对加快我国经济体制改革和加速中国企业“走出去”赋能提效。2022年1月1日，《区域全面经济伙伴关系协定》（RCEP）正式生效并启航，这意味着亚洲经济体之间的合作范围继续扩大，国家之间的开放更加制度化。RCEP 是我国对外经贸合作的重大突破，为我国全球经贸格局打开了“新窗口”，将进一步促进产业和价值链的融合，为区域经济一体化注入强劲动力。同时，其也为我国新发展阶段扩大对外开放水平、构建对外开放新格局打开了大门并拓宽了路径。

2022 年 5 月 11 日，国际货币基金组织（IMF）执董会经过 5 年 1 次的定值审查后，决定将特别提款权（SDR）中人民币权重由 10.92%上调至 12.28%，升幅为 1.36 个百分点，于 2022 年 8 月 1 日正式生效。此次审查是 2016 年人民币成为 SDR 篮子货币以来的首次审查。定值审查后，人民币权重仍居第 3 位，仅次于美元（43.38%）和欧元（29.31%），日元和英镑权重分别为 7.59% 和 7.44%。人民币在 SDR 货币篮子中的权重有所提升，表明了人民币国际地位进一步提升。提高人民币的 SDR 货币权重，彰显了人民币的国际影响力和人民币资产的国际吸引力，更加坚定了金融业改革与开放发展的信心和意志。

8.1.2 国内宏观经济政策

“开放是当代中国的鲜明标识。”我国长期坚持对外开放的基本国策，发挥超大规模市场的优势和内需潜力，着力推动规则、规制、管理、标准等制度型开放，不断加大知识产权保护力度，加强宏观经济政策协调，保持政策的连续性、稳定性、可持续性，持续打造市场化、法治化、国际化营商环境，为中外企业构建公平公正的市场秩序，为各国带来更多新机遇，为世界经济注入更多新动能。我国一直采取负责任的宏观经济政策，维护国际经济金融体系稳健运行。完善全球经济治理体系和规则，切实反映国际经济格局变化，提升发展中国家话语权。努力维护世界多边贸易机制，提倡开放自由的世界经济发展体制，保障发展中国家的权益和发展空间。

目前，中国正逐步进入高质量发展阶段。党的十九大报告明确提出“要建设现代化经济体系”，其中“加快建设创新型国家”和“推进形成全面开放新格局”是现代化经济体系的重要支撑。现代化经济体系的构建不但需要金融业开放来服务于全面开放的总体布局，同时需要金融开放来匹配创新型经济的发展进程。2020 年 5 月 14 日，中共中央政治局常委会会议提出“深化供给侧结构性改革，充分发挥我国超大规模市场优势和内需潜力，构建国内国际双循环相互促进的新发展格局”。“双循环”没有改变以分工促进生产的发展逻辑，我国重构产业分工、改善经济循环、促进经济增长的空间仍巨大。一方面，在这样的战略调整过程中，陕西参与国内大循环，要求更高层次的金融互联互通和更加完善的金融基础设施，要求持续深化区域金融改革，优化区域金融资源配置，促进陕西向产业链、价值链、供应链的高端环节爬升；另一方面，陕西处于承东启西的地理位置，是我国融入“一带一路”大格局的关键节点。“十四五”规划中明确提出“实行高水平对外开放，开拓合作共赢新局面”，鼓励加强对外开放的广度、宽度和深度，在深化国际合作中实现各方互利共赢。

（1）主动推进绿色金融国际合作。2021 年，人民银行积极推进绿色金融的国家合作和对外开放。与美国财政部联合制定《可持续金融路线图》，成为二十国集团（G20）第一份可持续金融相关的框架性文件，旨在引导国际资金流向对气候变化的支持和应对。与欧方联合发布了《可持续金融共同分类目录》，目的在于降低成本，推动绿色资金的跨境流动，对推动绿色金融分类的国际标准起到了重要支持作用。

（2）积极参与多边危机防范救助。2021 年，人民银行依托国际清算银行（BIS）、G20、国际货币与金融委员会（IMFC）、东盟 10 国与中日韩 3 国合作机制、东亚及太平洋中央银行行长会议组织（EMEAP）等多个多边合作平台，维护国际合作和多边主义，并与各方协调政策应对国际经济问题与危机，针对未来退出相关经济政策的负面溢出效应也达成了共识。

（3）多措并举扩大金融业开放。自 2018 年 4 月以来，我国已对外宣布了 50 多条金融业对外开放措施，在开放领域、开放内容及配套市场交易制度等方面不断扩大和完善。包括取消和放宽金融领域中外资持股的比例和对外资股东资质的要求、给予外资企业国民待遇、金融市场业务联通及不断完善相关配套制度和服务等。《区域全面经济伙伴关系协定》《全面与进步跨太平洋伙伴关系协定》《数字经济伙伴关系协定》等均签订了金融业国际开放与协作的相关条款，支持和助推了我国金融业开放的持续扩大。

（4）推动债券市场高质量双向开放。2021 年 8 月，人民银行等六部门联合发布了《关于推动公司信用类债券市场改革开放高质量发展的指导意见》，该意见从 10 个方面推动了公司信用类债券市场的改革与开放发展。2022 年 5 月，人民银行等三部门联合发布公告《关于进一步便利境外机构投资者投资中国债券市场有关事宜》（〔2022〕第 4 号），该公告加强了我国债券市场对外开放的系统性和协同性，进一步提升了境外投资者依法合规投资中国债券市场的便利性。2018 年，人民币债券成功被纳入彭博巴克莱全球综合指数，2021 年，中国国债正式被纳入富时世界国债指数（WGBI），充分彰显了境外机构投资者对我国金融市场开放的高度认可。

（5）人民币国际化水平稳步提升。自 2015 年 10 月 8 日人民币跨境支付系统（CIPS）成功上线运行以来，运行总体保持稳定增长。数据显示，2022 年人民币跨境支付系统成交金额达 96. 70 万亿元，同比增长 21. 48%。《2022 年人民币国际化报告》显示，2022 年第一季度，人民币国际化综合指数为 2. 86，人民币国际化指数呈上升态势（同期美元、欧元、英镑、日元的国际货币国际化指数分别为 58. 13、21. 56、8. 87 和 4. 96）。国际货币基金组织（IMF）数据显示，2022 年第一季度，人民币作为外汇储备货币在全球的规模已达 3363. 86 亿美元，占全球外汇储备的比重为 2. 88%，居全球主要储备货币第 5 位。同时，离岸人民币市场也保持着持续健康有序发展，离岸人民币产品更加丰富，跨境投资更加便利化和自由化。下一步，随着人民币在特别提款权中权重的提升，人民银行将进一步推动人民币在对外贸易投资、金融市场双向开放、货币金融合作及离岸人民币市场的有序开放发展。

在我国长期发展的重要战略机遇期，随着未来经济持续转型升级、金融对外开放格局进入“全面”阶段，陕西如何依托自贸区平台，激活其创新开放潜力，以发挥其促进经济增长、助推结构转型的关键作用十分重要。随着我国对外开放的不断深化，以及“一带一路”建设的持续深入、西部大开发新格局的积极推进、黄河流域生态保护和高质量发展战略等重大决策的实施，陕西必将成为我国新阶段对外开放的最前沿。这为陕西参与国际循环，要求陕西金融业扩大开放，探索提升企业投融资便利化和跨境业务便利化的有效路径，服务于陕西“一带一路”建设，聚焦高质量发展、奋力追赶超越提供了难得的机遇。

8.1.3 金融业发展新形势

改革开放是金融现代化的必由之路。2019 年 7 月，国务院金融稳定发展委员会办公室推出了 11 条金融业对外开放新措施，其中包括扩大外资评级机构业务范围；取消外资来华设立金融机构总资产的要求，允许外资机构获得银行间债券市场 A 类主承销商牌照；允许境外金融机构投资设立、参股养老金管理公司；允许境外投资者持有保险资产管理公司的股份超过 25%，放宽中外资投资设立消费金融公司准入政策；鼓励外资参与设立和入股银行理财子公司；允许境外金融机构与中资金融机构子公司合资设立并由外资控股的理财公司；取消外资银行开办人民币业务审批；放宽外资保险公司准入条件；将人身险外资股比限制的过渡期提前至 2020 年；证券、基金和期货等经纪公司的外资股比限制提前取消；进一步便利境外机构投资者投资银行间债券市场等。11 条新举措与 2018 年 4 月博鳌论坛上公布的 15 条对外开放措施一脉相承，是对前期金融业开放政策的细化和落实，并着重强调内外资一致原则。金融开放的深化不仅有利于丰富市场主体和激发市场活力，还能通过引入国际先进理念和经验，增强中国金融机构的服务创新能力，推进金融供给侧结构性改革，满足实体经济发展需求。目前，金融业外商准入负面清单已经清零，外资机构准入门槛大幅降低，外资机构在华业务范围空前拓展。将来，中国将进一步加大金融业开放力度，继续移除外资金融机构进入中国市场的障碍，为外资营造更公平透明的营商环境。中国金融开放的稳步推进及在华经营便利度的提升，将吸引外资加大对中国市场的布局。

进入新发展阶段，金融业发展面临着新形势、新任务。金融业对外开放有助于引进国外金融机构参与陕西市场，丰富金融产品和服务，既能够增加金融要素供给，又可以促进金融市场竞争。特别是当前全球市场深度融合，国际分工日益密切，技术运用日新月异，金融业的竞争是金融创新的过程。金融业竞争往往表现为市场参与主体的“正和博弈”，通过竞争促进合作，实现双赢。陕西金融市场应引入更多的竞争因素，这对于陕西有效运用国际国内两个市场、两种资源至关重要。陕西可通过外引内培完善金融机构体系、布局调整完善金融市场体系、扩大开放完善金融产品体系，促进金融资本、金融人才、金融技术要素加速汇聚，做大做强资本市场陕西板块，做优做强产业金融、绿色金融、科技金融、农村金融、普惠金融、消费金融，使市场主体和人民群众对金融的多样化需求得到更好的满足。在我国扩大金融业对外开放的背景下，更多的境内外金融机构有望在陕西设立分支机构，西安丝路金融中心建设将继续向前推进，将会有更多的金融开放措施落地实施，推动跨境金融产品和服务创新升级，推动人民币国际化向前发展，跨境业务规模也将不断扩大。

8.1.4 “一带一路”倡议

“一带一路”是一项全球发展倡议，是我国扩大对外开放、构建国内国际大市场、推动“双循环”的发展诉求，也是世界目光下人类共同发展的伟大发展规划。自2013年提出“一带一路”倡议以来，世界各国都敞开国门，主动寻求国际合作与发展规则，开展国际合作，共同发展。“一带一路”是我国从“丝绸”之路上升到“货物、资本、技术”之路的全球发展倡议。其中，资本是“一带一路”通畅运行的先导。截至2021年10月，亚洲基础设施投资银行成员数量由启动运营时的57个增至104个，仅次于世界银行。截至2020年末，丝路基金签约以股权投资为主的各类项目达49个，覆盖“一带一路”沿线多个国家，多边金融合作支撑作用日益显现。截至2022年9月底，人民币跨境支付系统已接入76家直接参与者和1228家间接参与者，连接178个国家和地区，实现了对全球各时区金融市场的全覆盖，能够满足各类跨境贸易、投融资业务等结算需求，中国金融服务能力不断提升，为“一带一路”资金融通做好了支持和保障。截至2022年7月，我国已经同149个国家和32个国际组织签署了共建“一带一路”合作文件，形成了3000多个合作项目，投资规模近1万亿美元，战略规划对接日益深化。除此之外，“一带一路”还在推进区域经济一体化、推动全球治理以及对接联合国2030年可持续发展议程上创建了高水平国际合作平台。

展望未来，“一带一路”建设将持续推进，沿线国家及企业的需求也会发生调整和转变，从当前以贸易融资服务为主转向设施联通、相互投融资等相关服务方面，因此商业银行还需要进一步拓宽“一带一路”服务范围和类型，如增加投资银行业务、资产管理业务等。同时还要加强各国之间金融机构的合作，尽快建立适应国际环境变化的动态的风险评估及防范体系，为打造“一带一路”金融服务网络、提升我国商业银行跨境综合金融服务能力及整体竞争力不断探索，全力绘制好“资金融通”领域的工笔画，推动“一带一路”资金融通工作高质量发展。

面临“一带一路”这一难得的历史机遇，首先，要明确作为“一带一路”重要节点城市，陕西区位优势十分特殊，向东可承接我国沿海地区的产业梯次转移，向西能实现与中亚国家的经济互补，陕西金融具有广阔的辐射范围。其次，陕西作为我国的能源大省、科技大省及文化大省，具备发展能源金融、科技金融和文化金融的有利且独特的资源与条件。基于如此特殊的区位优势和资源优势，“丝绸之路经济带金融中心”成为陕西金融建设的重要目标。陕西省推进“一带一路”建设工作领导小组办公室印发的《陕西省推进“一带一路”建设2021年工作要点》中，部署了稳步提升丝绸之路金融中心支撑作用、建设数字丝绸之路等任务助推“一带一路”建设，为陕西金融业改革与开放发展指明了方向并创造了更多机遇。

8.1.5 西部大开发新格局

1999年9月，《中共中央关于国有企业改革和发展若干重大问题的决定》中明确提出实施西部大开发战略。2020年5月17日，中共中央、国务院印发《关于新时代推进西部大开发形成新格局的指导意见》(以下简称《指导意见》)。《指导意见》中提到，要加强创新开放合作，充分发挥西部地区比较优势，推动具备条件的产业集群化发展，加快形成西部大开发新格局，推动西部地区高质量发展。在过去的西部大开发进程中，西部地区的经济发展主要是在为东部地区提供资源要素的过程中实现的。西部地区拥有丰富的自然资源，劳动力相对充裕，通过向东部地区输出资源要素而获得经济增长，但这也导致西部地区形成对自然资源的过度依赖，经济转型压力与日俱增。新时代推进西部大开发形成新格局，旨在解决区域发展不平衡、不充分问题，赋予西部地区主体地位。

《指导意见》提出发展西部地区高水平开放型经济。推动西部地区对外开放性质的转变，逐步实现规则制度的开放，进一步完善外商投资管理制度，实施准入前国民待遇加负面清单，并逐步放宽服务业准入。陕西将按照创新、协调、绿色、开放、共享的新发展理念，实现经济社会发展追赶超越，实现创新驱动的高质量发展。在此过程中，新基建项目、新兴技术产业、绿色发展项目以及“三农”领域等需要更加充分的金融资源供给和更高质量的金融服务。为满足新时代西部大开发形成新格局对金融发展的需求，在信贷政策运用、资本市场发展、区域金融改革等方面有新突破，在提高直接融资比例，符合条件的企业在境内外发行上市融资、再融资等方面积极创新，通过发行公司信用类债券、资产证券化产品融资，为贫困地区企业首次公开发行上市、新三板挂牌、并购重组等适用绿色通道政策，在商业金融、合作金融、小微企业融资、绿色金融、融资风险分担机制等领域为西部地区经济增长提供更好的服务。

8.1.6 陕西改革开放高地

党的十九届五中全会提出，要建设更高水平开放型经济新体制，全面提高对外开放水平，推动贸易和投资自由化、便利化，推进贸易创新发展，推动共建“一带一路”高质量发展，积极参与全球经济治理体系改革。2020 年 4 月，习近平总书记来陕西考察时指出，开放不足是制约陕西发展的突出短板，要围绕推进国家治理体系和治理能力现代化，突出基础性、根本性、全局性的重大改革举措，打造内陆改革开放高地。习近平总书记对陕西提出打造内陆改革开放高地的重要指示，为陕西加快改革开放促进高质量发展提供了方向和遵循，也使我国内陆在全面深化改革和新一轮对外开放进程中的战略地位更加凸显。

陕西深入学习贯彻党的十九届五中全会和习近平总书记在陕西考察时的重要讲话精神，贯通落实“五项要求”“五个扎实”，以高质量发展为主题，全面深化改革、全方位扩大开放，不断向改革要动力、向开放要活力，着力打造内陆改革开放高地。2021 年陕西口岸建设稳步推进，中欧班列“长安号”开行增长态势强劲。陕西开拓运营国际货运航线 19 条，共有 7 个综合保税区，数量居全国第 6 位。中欧班列“长安号”开行量、重箱率、货运量等核心指标稳居全国前列，为加快“双循环”和构建新发展格局提供了重要支撑。

2021年11月，陕西出台《陕西省“十四五”深度融入共建“一带一路”大格局、建设内陆开放高地规划》（以下简称《规划》），提出到2025年建成内陆地区效率高、成本低、服务优的国际贸易通道。《规划》提出，按照“核心承载、区域融合、通道连接、优化升级”思路，形成“定位明确、发展协调、开放共享、合作高效”的内陆开放高地，提升金融开放水平，促进要素集聚，推进改革试点，鼓励业态创新，高质量建设具有重要影响力的丝绸之路金融中心。《规划》还提出，全面融入“一带一路”倡议，为企业“走出去”提供金融支持，吸引境外金融机构来陕西设立相关机构，贯彻开放理念。

金融是现代经济的核心，是现代经济的血液，是确保市场主体、产业链、供应链稳定的有力抓手，作为配置资源和宏观调控的重要工具，金融业改革与开放发展成为陕西打造内陆改革开放高地和高质量发展的重要内容。深入推进金融供给侧结构性改革，提高直接融资占比，切实增强金融服务实体经济能力，为陕西打造内陆改革开放高地、推动经济高质量发展提供更加系统、更为集成、更有效率的金融服务。

8.2　对外开放新格局下陕西金融业改革与开放发展面临的挑战

8.2.1　全球政治经济形势复杂严峻

从外部看，世界正处于前所未有的大变革中，世界经济形势复杂多变，逆全球化趋势显现，我国正面临一个更加不稳定不确定的世界发展环境。在纷繁复杂的国际形势下，全球经济金融环境也在发生新的变化，尤其是新冠疫情、俄乌冲突、通胀高企等因素叠加，给全球经济金融发展带来更多不确定性。联合国发布的《2023年世界经济形势与展望》中指出，世界经济正面临着各种不确定性，如大多数发达经济体经济急剧下滑，大多数发展中区域的前景日益恶化，高通胀、高债务及国际收支脆弱等，全球经济与国际金融发展的风险巨大。

一是全球经济风险。全球经济本身已处于复苏周期尾部，而新冠疫情、通胀和供应链等问题加大了全球经济“软着陆”的困难。主流机构预测全球通胀降温，“通胀暂时论”尚难证伪。不过，全球通胀走势仍有不确定性，大部分经济体通胀指标增速或仍高于新冠疫情前水平。现阶段，“胀”成为“滞”的催化剂，且通胀预期“失控”风险上升。全球能源实际消费量并未激增，而供给端主要因能源转型问题而受“人为”压制。以目前的供需格局外推，全球能源危机或至少持续半年至一年。国际供应链“瓶颈”是“新旧因素”叠加的结果，难以消解。新因素包括新冠疫情对产能的冲击、全球供需不平衡；旧因素包括贸易保护、产业政策的持续作用，以及以全球运力的周期性“瓶颈”。二是国际金融风险。2022 年美联储紧缩货币政策的后续过程难度较大，因紧缩节奏较快、加息预期引导困难，以及其他央行行动更快。英国、加拿大等国央行比美联储更偏“鹰派”，欧央行更偏“鸽派”。短端利率的上行是发达经济体金融环境趋紧的重要信号。相当一部分新兴市场央行已经“抢跑”加息，海外央行整体采取紧缩的货币政策。在全球流动性趋紧之际，资产价格波动或在所难免，且资产价格与通胀可能产生互动。虽然“紧缩恐慌”或难再现，但部分市场可能会出现新的脆弱性，其中财政赤字与空间问题最为突出。

8.2.2　陕西对外经济竞争力相对较弱

一是陕西对外开放水平仍然不高。近年来，随着“一带一路”建设的深入推进，陕西对外开放步伐虽然逐渐加快，对外贸易激增，但是总体来看，陕西对外开放水平仍然不高。主要是在国家实施梯度开放战略中陕西起步较晚，没有形成发展开放型经济的有效促进机制和整体合力，对外经济90%集中在西安，存在产品竞争力较弱、外商投资规模较小和与其他地区交流频率较低等问题。

二是陕西省非银行金融机构比重小且发展规模和速度亟待提升。非银行金融机构的业务灵活多样，在满足境内外企业与居民的多种实际金融需求中更显优势，对促进经济发展具有重要作用。目前，陕西省金融机构体系基本建成，但相较银行金融机构而言，陕西保险公司、证券公司、期货公司、信托公司、私募基金等非银行金融机构的网点数量与资产规模均较少，民营银行、再保险公司与金融租赁公司仍属空白。同时，外资银行仅有6家，具有保险外汇业务市场准入资格的保险公司仅有2家，这都不同程度地制约了陕西金融的开放发展及外汇业务能力的提升。

三是陕西对外贸易依存度较低。对外贸易依存度是用来衡量一个国家和地区整体开放水平的重要指标。2020年陕西省进出口总值为3772.1亿元，仅占全国进出口总值的1.17%，增速居全国第13位；对外贸易依存度为12.3%，远低于全国平均水平（31.65%）。

四是外贸层次较低。受产业结构所限，陕西对外出口产品以原材料和初加工为主，处于全球产业价值链底端。2020年，陕西加工贸易进出口额为2129.6亿元，占全省进出口总值的56.5%。陕西外贸企业产品创新性不足，国际竞争力较弱，有些产品处于产业链的底端，极大地限制了参与国际贸易合作的空间。

五是利用外资水平较低。2020年，陕西实际利用外资84.43亿美元，其中，外商直接投资额为26.54亿美元，占比仅为31.4%，难以有效发挥外商投资对技术进步的促进作用。2020年陕西实际利用外资规模占全国的比重仅为5.5%，与实际利用外资规模居中西部第1位的四川省相差16.17亿美元。相比全国平均水平，陕西省外向型经济的规模依然较小。

8.2.3 部分国家的营商环境有待改善

2020 年全球营商环境报告排名前 50 的国家（地区）见表 8－1。

表 8－1 2020 年全球营商环境报告排名前 50 的国家（地区）

排名	国家（地区）	营商环境得分
1	新西兰	86.8
2	新加坡	86.2
3	中国香港	85.3
4	丹麦	85.3
5	韩国	84.0
6	美国	84.0
7	格鲁吉亚	83.7
8	英国	83.5
9	挪威	82.6
10	瑞典	82.0
11	立陶宛	81.6
12	马来西亚	81.5
13	毛里求斯	81.5
14	澳大利亚	81.2
15	中国台湾	80.9
16	阿联酋	80.9
17	北马其顿	80.7
18	爱沙尼亚	80.6
19	拉脱维亚	80.3
20	芬兰	80.2
21	泰国	80.1
22	德国	79.7
23	加拿大	79.6
24	爱尔兰	79.6
25	哈萨克斯坦	79.6
26	冰岛	79.0
27	奥地利	78.7
28	俄罗斯	78.2

续表

排名	国家（地区）	营商环境得分
29	日本	78.0
30	西班牙	77.9
31	**中国**	**77.9**
32	法国	76.8
33	土耳其	76.8
34	阿塞拜疆	76.7
35	以色列	76.7
36	瑞士	76.6
37	斯洛文尼亚	76.5
38	卢旺达	76.5
39	葡萄牙	76.5
40	波兰	76.4
41	捷克	76.3
42	荷兰	76.1
43	巴林	76.0
44	塞尔维亚	75.7
45	斯洛伐克	75.6
46	比利时	75.0
47	亚美尼亚	74.5
48	摩尔多瓦	74.4
49	白俄罗斯	74.3
50	黑山	73.8

资料来源：世界银行官网。

对于排名靠前和靠后的经济体，企业家的体验有很大差异。例如，排名靠后的50个经济体，开办企业平均耗时是排名前20的经济体的将近6倍。排名前20的经济体，转移财产所需时间不超过2周；而排名靠后的50个经济体则需要3个月。从接电耗时来看，排名靠后的50个经济体比排名前20的经济体平均长1倍，而以人均收入比例表示的接电成本则要高44倍。中亚和西亚的一些国家面临着国内政治局势动荡的困境，经济政策不确定性较大。部分国家的外汇管制措施也给陕西企业“走出去”造成阻碍，企业在当地银行面临购汇成本较高、利润汇回困难等问题。目前，中资机构境外贷款主要是美元贷款，而企业收益多为当地本币，由于这些国家或地区币值波动剧烈，汇率波动加大了企业的偿债风险和运营成本。另外，一些国家金融制度不完善，法律体系不完整，金融市场开放程度较低，信用风险突出，也增大了陕西发展经贸往来的难度。

8.2.4 部分企业在境外融资较为困难

一是在资金相对短缺的一些国家和地区，境外投资企业当地融资的利率非常高。许多国家的金融机构对其境外投资企业持审慎态度，特别是对于新成立的境外投资企业来说，由于其抵押品不足和未来经营不确定性较大，因此不愿为其提供融资支持。二是由于金融机构海外布局有限，中资银行海外分支机构多集中在相对成熟的金融市场，且服务于境外投资企业的专业化水平不高，一些具有前景但优势尚不明显的企业或项目难以获得资金支持，又受到当地业务办理的诸多限制，不利于“走出去”企业持续发展。三是金融机构提供的金融服务仍以传统业务为主，缺乏满足电建、交通承包等工程建设需求的避险工具和融资产品。四是很多中小企业缺乏对跨境融资宏观审慎管理政策的了解，造成签订虚假境外融资合同等金融诈骗案件频发，境外融资风险偏大。

8.2.5 金融外汇领域的潜在风险巨大

一是汇率风险加大。受中美贸易摩擦的影响，企业进出口业务中因汇率波动造成的汇兑损失明显扩大。加之美国政治与经济的双重影响，人民币与美元的汇率波动幅度扩大，致使企业因美元结算造成的收支差异增大。二是跨境融资合同诈骗案件频发。诈骗主体利用中小企业不熟悉跨境融资的宏观审慎管理政策，以签订虚假融资合同的方式骗取中介费用，加之境外中资保险机构设立数量偏少，且国际投资的保险费率过高导致企业“走出去”障碍重重。三是外汇交易风险加大。尤其是兼具贸易、投融资、汇兑业务特点的综合性外汇交易，存在着更复杂、更隐蔽的系统性风险。

总体而言，新发展阶段金融的改革与开放发展和金融的安全稳定均存在诸多风险与挑战。主要表现在：复杂动荡的国际经济环境和资本金融市场的交易风险会在金融开放中向国内溢出，大大增加了维护我国金融市场稳定和安全的难度；同时，国内经济的发展也面临着多重约束，一方面金融行业要贯彻落实各项举措以稳定经济，另一方面又要引导优化金融资源配置，这也大大增加了防范金融风险和制定金融发展策略的难度。面对复杂严峻的国内外环境，我国要辩证地把握好新形势下金融发展与金融安全的关系，统筹协调好各金融要素与资源，平衡好金融开放发展与金融安全稳定。

9

对外开放新格局下陕西金融业改革与开放发展的经验借鉴

9.1 国外经验借鉴

9.1.1 美国经验

(1) 美国金融开放的路径。美国金融开放总体顺序是先内后外。第二次世界大战后，随着布雷顿森林会议的召开，美元正式成为世界主导货币，美国经济也快速发展。直到20世纪70年代，布雷顿森林体系瓦解，美国废除一系列资本管制措施、放弃双挂钩的固定汇率制，开放资本账户、实行浮动汇率制。与此同时，美国通过强化美元在大宗商品交易中的计价，保持了美元的国际地位。20世纪70年代中后期，随着通胀高企，美国利率管制的弊端显现出来，由于受管制的利率远低于市场实际利率，金融市场涌现大量金融创新工具，出现"金融脱媒"现象。此外，为了规避监管，以花旗银行为首的美国金融机构开始寻求在海外开设分支机构的机会，金融机构国际化程度提高。1980年，美国政府开始进一步推动利率市场化改革，1986年利率市场化全面实现。21世纪以来，金融创新浪潮再度席卷全球，金融工具复杂化程度越来越高，出现脱实向虚的倾向。美国在长期低利率环境下信用过度扩张，形成次贷危机，又由于美国、欧盟等金融市场的高度开放和融合，风险迅速蔓延而最终演变为国际金融危机。

(2) 美国金融开放路径的分析。美国是金融开放深化直至金融全球化发展的引领、推动和主要受益国，其开放经验具有一定代表性。

首先，美国金融开放的过程相对平稳，最主要保障是美国国民经济基础和美元特殊地位。反过来，美国高度发达和开放的金融体系也是美元国际储备货币地位、美国经济傲视全球的重要支撑。强大的经济、货币地位意味着较强的抗风险能力，与金融开放是相辅相成的关系，保证了美国“本币国际化—资本账户放开—汇率浮动—利率市场化”这一比较特殊的开放路径的成功。其次，金融自由化的顺利实现使得美国忽视了监管的重要性，这成为次贷危机爆发的重要原因，金融市场一体化的发展使次贷危机风险加剧扩散成为全球性金融危机，众多发达国家、发展中国家成为危机受害者，甚至遭受了比美国更严重的冲击。

美国逐步实施了汇率及利率的市场化改革。汇率市场化方面，1976 年签订的《牙买加协定》中规定汇率可以上下浮动，自此建立了浮动汇率制度，1978 年起浮动汇率制度正式实施。在利率市场化方面，从 1970 年开始，先放松了大额存单利率的限制，至 1971 年，以证券公司参与货币市场基金交易为标志，利率市场化已初步实现。而利率市场化一直到 20 世纪 80 年代才完全实现，其标志是美国废除了以规定存款利率上限为主的“Q 条例”和商业银行大额可转让存单的创新发行。

金融市场双向开放中的可借鉴做法。在金融机构改革发展方面，20 世纪 90 年代美国颁布的《里格洲际银行分业经营和管理变革条例》中针对银行机构设立分支机构和业务扩展给出了新的规定和措施，鼓励和支持商业银行开展跨洲业务的同时，还允许跨洲设立银行分支机构，随着该条例的实施诞生了一批包括花旗银行在内的跨国银行集团。在金融业对外开放方面，1981 年，美国国际银行设施（IBF）的成功设立，标志着美元离岸交易市场的形成，这不仅大大方便了非居民的金融交易，而且还为美国存款机构经营 IBF 账户的存贷款业务打通了路径，在满足非居民投融资需求的同时，还节约了存款准备金、地方所得税等资金。

金融监管的有效做法。以美联储为核心、“双线多头”的伞形监管结构是美国金融自由化改革后确定的金融监管模式。“双线”即联邦政府和州政府，“多头”指的是具有金融监管职能的多个机构。

9.1.2 英国经验

英国实施的利率市场化改革属于激进型。英国同时放开了存贷款利率限制，但持续时间较长。英国的利率管制形式主要是银行间利率协议，管制时间为自第一次世界大战结束至20世纪60年代。英国利率市场化的初步实现以英格兰银行1971年发布的《竞争与信用监管规则》为标志，该规则的主要内容是取消对银行贷款数量的控制、废止金融机构之间的利率协定、取消流动比率的限制等。英国利率市场化的完全实现始于20世纪80年代，以1981年每周最低贷款利率的宣布取消和1986年取消指导抵押贷款为标志，自此，英国商业银行存贷款基本实现了利率市场化和自由化。

金融市场双向开放的可借鉴做法。英国金融市场开放始于20世纪80年代，为进一步巩固英国金融中心地位，以1986年由撒切尔政府启动的一场大规模的金融改革为标志，其旨在推动英国金融服务业的开放与自由化，并巩固英国的金融中心地位。英国对内对外双向改革开放并举，在发动国内金融混业经营与竞争的同时，积极引入境外金融机构。1983年签订并于1986年正式实施的Parkinson - Goodison改革协议，英国政府允许伦敦证券交易所会员在3年内放弃固定佣金制和结束会员垄断地位，并接受境外公司成为交易所会员。该协议下的英国金融业改革，在推动金融混业经营的同时，为国际资本流入英国创造了具有一定吸引力的环境条件，并提供了国内外金融机构公平竞争的金融平台。

英国金融监管模式的改革做法。随着金融业改革的推进和深入，英国金融监管也逐渐演变为混业监管模式。加之次贷危机的爆发，又一次促使英国金融监管体系发生了彻底重构，形成了以英格兰银行为核心，以金融政策委员会、金融行为局、审慎监管局等机构实施功能监管的新监管框架。金融科技的发展对金融监管提出了新的要求。2016年，在“创新激励计划”下，针对金融科技的“监管沙盒”（Financial Conduct Authority）项目在英国金融监管局正式推出，旨在探索一个为创新性金融产品、金融服务技术及新型商业模式等进行安全测试的相对自由的监管环境，从而在缓解监管与创新之间矛盾的同时，大大促进了金融科技的创新，推动了金融监管的改革与升级，也为我国金融监管的创新提供了一定的参考和借鉴。

9.1.3 日本经验

外汇管制的放松过程在日本持续时间很长。日元先后于1963年和1980年实现了经常项目和资本项目下的可自由兑换，历时近20年。1984年，日本废除了按需原则，取消了个人持有外汇的最高限额。1986年，东京离岸金融市场创立，取消了银行经营外汇业务的限制，便于外汇银行在日本国内参与外汇交易。1997年，日本外汇法正式通过修订，旨在将外汇管理推向“全面自由”，修订的内容涉及资本交易、外汇业务和对外投资的自由化发展，重点包括实施了资本交易事后报告制、废除了外汇指定银行制度。1971年开始，日元汇率制度改革逐步展开，浮动汇率制度也从资本项目完全开放前的有管理的浮动，发展为到1980年资本项目完全放开后的轻管理的浮动，到1990年，实现了自由浮动的汇率制度。

总体来看，日本对外开放经历了四个重要阶段：一是1960—1970年的初始阶段，其间发行了第一期武士债券，同时也放开了对信托公司购买外国证券的限制。二是1971—1984年的逐步开放阶段，其间颁布实施了《外国公司证券法》和《外汇管理法》，放开了外国金融机构参与日本国内证券业务和信托业务的限制，并实行了欧洲日元的贷款与债券业务的自由化，开放了日本股票市场。三是1985—1997年的有限开放阶段，其间重点是日本更大程度上允许外国投资者参与日本证券市场，并鼓励跨国公司扩张海外建设规模。四是1998年至今的大开放阶段，在借鉴了1986年英国金融大爆炸后，日本实现了金融大爆炸，全面放松了金融管制，其重点在于扩大自由竞争范围和领域，进一步促进了混业经营，并重新确立了日本金融自由化的交易规则、管理制度及监管体制。

9.1.4 韩国经验

（1）韩国金融开放路径。20世纪80年代初，韩国开启金融自由化改革，由政府主导型向市场决定型转变。第一阶段以国内改革和放松管制为主。首先，降低对商业银行的行政干预，促进国有银行私营化，并逐步放松利率管制。在金融机构开放方面，韩国政府出台优惠政策吸引外资金融机构在境内设立分支机构。其次，鼓励韩国金融机构走出国门，拓展海外市场。在这个阶段也谨慎开始金融市场开放，允许外国投资者通过一定额度的信托和基金参与境内金融市场。20世纪90年代，韩国进入加速金融开放的第二阶段，先是利率体系遵循“先贷款后存款、先长期后短期”的顺序依次市场化，其后放宽外资对本国金融市场的投资范围和比例，进一步鼓励金融机构对外投资。在汇率方面，以对美元的平均汇率制取代此前的一篮子货币钉住制，并扩大浮动范围。1997年亚洲金融危机前，韩国资本流入尤其是短期外债大量增长，这些资金的逆转流出重创了韩国经济。在危机处理方式上，韩国在金融定价机制的市场化方面采取了更彻底的开放和自由化举措，实行了浮动汇率制，放松了资本流动管制，解除了境外投资者投资金融市场的障碍，完成了韩国的金融开放。

（2）韩国金融开放路径的分析。相对来说，美国金融开放得益于其经济和货币地位，有其不可比性，而韩国与我国同为东亚国家，开放前经济体制与我国类似，更具借鉴作用。首先，韩国初期遵循先内后外的改革路径，但国内改革并不彻底，金融机制仍不健全，银行部门内控体系落后，出现大量关联贷款，这是韩国在1997年金融危机遭遇重创的一个原因。其次，韩国金融市场，尤其是短期资金流入过早开放，金融机构大量用借入的短期外债去满足本国企业长期融资需求，负债过高，期限错配，积累了金融脆弱性风险。最后，韩国汇率缺乏弹性，没有随着资本项目的放开得到充分增加，在长期出现经常项目下逆差和资本项目下顺差的情况下，货币高估，被国际投机资本利用进行攻击。但值得注意的是，与拉美国家"全面而迅速"的金融开放相比，亚洲国家相对谨慎，其中韩国比泰国等东南亚国家更为谨慎，并且在危机发生后政府进行了有效干预，避免了对实体经济造成更大的影响。

韩国利率市场化改革历程曲折且时间较长。从 1988 年韩国宣布放宽部分类型银行贷款利率开始，此次改革韩国初步收窄了利率浮动范围。再次启动利率市场化改革是 1991 年底，此次改革的主要对象是商业票据、大额可转让定期存单等货币市场工具。1993 年，根据利率完全市场化计划，韩国政府将利率管制放松的进程分为四个阶段：一是 1991—1993 年底取消短期贷款利率和 3 年内到期的存款利率限制。二是 1993 年取消所有贷款利率及债券发行利率的管制，放宽 2 年及 2 年以上到期的存款利率上限。三是 1994 年放宽大额回购协议、大额可转让定期存单及商业票据的限制，放松 1 年及 1 年以上存款利率和再贴现利率。四是 1995—1997 年银行机构活期存款以外的利率自由化基本实现。

韩国金融市场开放的延续时间较长。20 世纪 90 年代，韩国金融机构准入限制放松，促进金融机构业务范围更加广泛。韩国从 1994 年开始加速了资本市场开放，包括提高了国内股市的外资投入上限、放宽贸易短期借贷、减弱了对韩国公司在境外发行证券和离岸市场融资的控制。韩国进行的全面金融改革始于 1997 年的亚洲金融危机。全面的金融改革与开放还包括设立投资基金、取消外资购买债券限制、取消外资开展保险业务以及外汇交易等领域。1998 年，韩国政府全面取消了外资股权上限，并允许外资开展恶意收购。1999 年，韩国实现经常项目下的自由兑换，2002年，韩国实现外汇交易全面自由化。截至2004年末，韩国上市银行的外资持股比例平均达到50%，远高于1997年末的16%，而外资银行在行业总资产占比也达到22%。不仅如此，在韩国开放金融市场之后，外资金融机构的入股增资大幅提升了本土金融机构的竞争力，数据显示，外资参股的合资券商平均净资产收益率（ROE）显著高于韩国本土券商。因此，随着中国金融开放程度日益深化，未来外资金融机构在中国市场的占比或将明显提升。

韩国金融开放的路径表明，短期资本大幅跨境流动是金融危机爆发的直接原因。事实上，亚洲金融危机和拉美金融危机都伴随了国际资本的非正常流动。尤其是对于发展中国家来说，银行体系抗风险能力较弱、汇率制度不够灵活、短期资本的大量流入都会导致货币高估，形成资产泡沫；一旦短期资本大量流出则泡沫破裂，货币贬值，经济萎缩。很多国际投机者就是利用这一机制，操纵大量资金，对刚刚实现金融开放或正处于开放进程中的发展中国家进行攻击，赚取汇率崩盘前后的差额。国际金融危机后，资本流动的风险放大。首先，由于以美国为首的各国量化宽松货币政策的作用，全球信用大幅扩张，流动性过剩，很多资金流入新兴经济体追求高收益，积累了金融脆弱性风险。一旦美国量化宽松货币政策退出，市场利率上升，资本流向可能立刻逆转，对新兴经济体造成冲击。随着美国第三轮量化宽松政策（QE3）接近尾声，印度等国已逐步显现出这一问题。其次，鉴于境内外存在明显的利差，我国目前存在大量的跨境套利交易，即构造虚假贸易在境外以较低的成本融入美元资金，再换成人民币投资境内高风险高收益的领域。并且，借入资金通常以短期为主，而资金投向往往期限较长，存在错配问题。当境外美国利率上升时，借入资金成本随之增加，存在资金链断裂风险，容易触发系统性风险。2007年以来，我国短期资本流动规模不断扩大，证券投资和其余投资项下顺逆差转化较快，在金融开放过程中需要加以充分考虑。

9.1.5 国外金融开放经验的总结及启示

（1）坚持协调有序开放原则。美国、英国、日本、韩国均从各自国内经济金融发展实际入手，分阶段多次修订相关管制法规制度和措施，以适应国情发展的需要，先放宽经常项目下的外汇管制，进而随着发展的推进和需要，再针对性地放开资本项目下的外汇管制，最终实现外汇的完全自由兑换。

（2）适时调整金融监管体系。金融业的改革与开放必然会产生新的金融组织、金融活动及投融资问题，金融风险的类型、大小及特点也会出现新的变化，这就对金融监管提出了新挑战和新要求。美国、英国、日本、韩国的金融改革开放经验表明，金融监管必须在金融开放过程中及时作出针对性的改革，如美国和英国的伞形和审慎监管改革，都在很大程度上推进了金融稳步开放。可借鉴美国“全国突发事件管理系统”，构建我国金融应急灾备系统，并将其作为金融突发事件应急管理系统的子系统之一，纳入金融基础设施进行统一监管。我国的应急灾备系统应遵循“两地三中心”原则，分开建设并保持相对独立性。我国应综合利用信息化政府建设、数字化经济建设、金融科技建设等技术成果，建设“自上而下、部门联动、指挥灵活、统一协调”的金融应急灾备系统。

（3）坚持匹配实体经济需求。如美国设立在岸方式的离岸金融中心，既满足了美国企业和居民的实际业务需求与实际需要，又给美国境外企业和非居民提供了更加优惠的税收和监管条件。

“他山之石，可以攻玉。”以上经验为我国金融的开放提供了重要借鉴和参考：首先，确定正确合理的开放顺序。紧紧围绕我国经济金融发展现状和国家综合国情，确定开放顺序，并综合各种条件和时机，按顺序逐步推进各项改革，分阶段循序渐进实现金融业完全开放。其次，高度重视金融风险防控。不断创新金融监管体系，针对金融开放过程中出现的新问题、新风险，提升风险识别和防控能力，防范国际资本在各项金融管制放开后对经济带来的冲击，为推动金融稳步开放做好充分保障。最后，始终以实体经济为服务重点。金融是经济发展的血脉，金融开放的目的就是使资金在国际自由流动，从而更大范围、更高效率地满足各市场主体的资金需求，服务和推动实体经济发展。

9.2 国内经验借鉴

9.2.1 上海经验

（1）上海金融改革创新历程。第一，探索阶段（1978—1989年）。1984年飞乐音响股份有限公司在上海发行了新中国的首只股票，1986年上海静安证券业务部在上海开办了首个证券交易柜台，1988年上海成立了我国第一家外汇调剂市场，这些均标志着我国金融业改革开放的起步。

第二，集聚阶段（1990—1999年）。上海初步形成了全国金融市场体系。上海国际金融中心的建设构想正式提出，上海肩负着金融开放先锋的重任。1990年末开始建立上海证券交易所，1994—1999年，中国外汇交易中心、全国银行间同业拆借中心、上海期货交易所相继成立，金融要素集聚效应在上海初步显现。

第三，扩大阶段（2000—2015年）。上海国内金融中心地位基本确立。2002—2009年，上海黄金交易所、中国金融期货交易所、上海清算所在上海相继成立，进一步扩大和完善了上海金融市场体系。与此同时，从金融市场规模来看，2001—2012年，上海金融市场成交额从10.8万亿元增至528万亿元，增长了40多倍，上海金融市场交易规模迅速扩大。

第四，提升阶段（2016年至今）。2016年，上海保险交易所、上海票据交易所、中国信托登记公司在上海相继成立，形成了健全的上海金融市场体系，上海金融中心的功能不断增强。截至2020年末，上海证券交易所股票市值总额居全球第 3 位，2020 年首次公开发行（IPO）股票筹资额及成交额分别居全球第 1 位和第 5 位。上海银行间债券市场规模居全球第 2 位。上海黄金交易所场内现货黄金交易量位居全球第 1。上海期货交易所多个期货品种交易量位居同类品种全球第 1，上海原油期货市场已成为全球第 3 大原油期货市场。2022 年公布的第 32 期“全球金融中心指数报告”（GFCI 32）中，上海居全球前 10 大金融中心第 6 位。

（2）上海金融改革创新措施。第一，抓紧机遇组建新的银行和引进外资银行。其中突出的是 1986 年组建的全国性的交通银行和成立上海市区的城市信用社，并进行了银行的总、分行两级法人制和在全国率先实行存贷差额管理。第二，重新建设上海的金融市场体系。第三，行政管理模式不再单一化，调控手段种类更多，金融宏观调控体系日益健全，包括完善信贷管理、运用再贴现政策、试行外汇移存和探索公开市场操作。第四，资金调拨方式更加灵活，融资渠道更加多样，上海金融市场体系更加健全，涵盖了同业拆借、票据贴现、证券买卖、外汇调剂等多种金融市场业务，建立了专为金融市场服务的中介机构。第五，突破了单一国家银行体制，逐步建立了以中央银行为领导，国有大型商业银行为主体，各类型中小金融机构并存的、相互协作的金融组织体系。第六，改变了法制不健全的状况，加强了金融立法和执法检查，逐步完善了上海地方金融法制建设。

（3）上海金融改革经验总结。第一，顶层设计，支持鼓励打破各级各地银行机构金融业务领域的“条块分割”限制，提倡“工行下乡，农行进城，中行上岸，建行拆墙”。第二，建立各类服务于金融业的中介机构。成立于改革开放初期的中国第一家社会化专业资信评估机构——上海远东资信评估有限公司和上海新世纪资信评估投资服务有限公司两家评级机构，迄今仍是行业内的佼佼者。第三，始终强调金融支持实体经济。坚持社会主义市场经济的发展方向不动摇，金融业的改革更应当早走一步，以服务实体经济为出发点和落脚点。

9.2.2 深圳经验

(1) 深圳金融改革创新历程。

1980年8月26日，第五届全国人大十五次会议决定在深圳、珠海、汕头和厦门建立经济特区，探索我国经济改革发展的新路径。1981年6月，谷牧同志主持广东、福建两省经济特区工作会议，授权深圳经济特区可以试点货币流通不同模式、有步骤有选择地批准外资银行设立分支机构，并在多渠道筹措资金等方面进行探索。1982年1月9日，南洋商业银行深圳分行在罗湖华侨大厦开业，它的引进打响了中国和深圳金融改革开放的第一枪。这一突破充分地发挥了“鲶鱼效应”，不仅带来了资金、客户和信息，还引进了金融产品、金融服务以及市场竞争，同时有力地促进了我国外汇管理改革和国家专业银行改革的起步和探索。1984年1月，邓小平首次到南方视察，题词“深圳的发展和经验证明，我们试办经济特区的政策是正确的”。1984年5月，中央决定扩大开放，增加上海、广州、天津等14个沿海开放城市。同月，下发了《国务院关于改革深圳市银行体制问题的批复》，支持深圳加快金融改革开放的步伐；组建了人民银行深圳经济特区分行，专门行使中央银行职责，并赋予其不同于其他省市分行的管理权和试验权；促进了中国银行总行对深圳分行视同海外分行管理；促成了工商银行、农业银行和建设银行在深圳的分设和独立运行。1984年7月以后，深圳形成了以人民银行为中心、4家专业银行和中国人民保险公司为主体、外资银行和多种金融机构并存的金融业新格局。1991年4月12日，经国务院授权，人民银行总行批准深圳证券交易所成立。7月3日，深圳证券交易所在时任国务委员陈慕华的见证下正式开业。1992年10月8日，我国第一家基金管理公司——深圳天骥投资基金管理公司成立，1993年1月19日，发行了第一只基金产品——天骥基金。

2019年，深圳市金融机构本外币存款余额达8.39万亿元，已经成为中国第3、全球排名前10的金融中心城市。更为引人注目的是，深圳目前已经成为中国的硅谷和科技创新城市，充分展示了它进一步发展的潜力。2019年8月18日，中央在充分肯定深圳改革开放、创新发展成绩的同时，要求深圳努力建设中国特色社会主义先行示范区，未来要成为我国高质量发展的高地、法治城市的示范、城市文明的典范、民生幸福的标杆、可持续发展的先锋。

（2）深圳金融改革创新措施。

①改革创新，完善“三个最优”体制机制。改革创新是深圳经济快速发展的关键，是深圳金融业实现跨越式发展的根本动力。没有改革创新，就没有深圳大发展，也没有深圳金融业的成就。改革开放初期，为吸引外资进驻深圳，发展金融机构、金融市场和金融产品与服务，深圳创造性地提出“三个最优”，通过相关体制机制改革、建设与创新，实施最优惠的政策、提供最优质的服务、营造最优良的环境。改革开放40多年来，深圳金融业获得了国家的大力支持，深圳当地则通过地方政策的匹配、机制的创新、体制的改革建立了全国范围内总体最优的政策框架。

在最优惠的政策构建上，首先，深圳借助政策约束少的优势，快速解放思想，打破路径依赖、习惯势力、利益冲突等诸多约束，创新、探索、完善优惠政策体系。其次，深圳不仅注重优惠政策的制定，更注重优惠政策的可持续性和政策体系的长效机制。最后，在优惠政策配套上，深圳一直注重“整体最优”。改革开放初期，深圳以“人无我有，人有我优”为指引，在全国率先制定、实践和总结多项金融创新，致力于构建最优的金融政策支持体系。21世纪初期以来，深圳更注重统筹规划、全盘考虑、突出重点，着力打造“总体最优”的金融业政策支持体系。

在最优质的服务上，一是建立金融发展的“绿色通道”。持续简化金融创新事项的审批手续，不断完善金融创新审批的业务流程，加快金融创新业务的审批速度，持续为金融机构、市场、产品的创新发展开辟新渠道。二是实施负面清单管理模式。深圳是全国实践“负面清单”管理模式的先行者之一，秉承负面清单管理的政策逻辑，鼓励金融创新。凡法律法规未明确禁止的、不会发生重大风险的，均鼓励金融机构大胆尝试创新。三是建立健全集中协调机制。基于市政府的金融发展委员会和金融咨询委员会等沟通协调机制，强化金融监管机构间的沟通、协调、研讨与合作，形成“大金融”“大市场”“大体系”“大监测”的金融管理、政策协调和发展格局。

在最优良的环境营造上，深圳致力于营造一个服务效率高、管理规范、最具市场活力、综合成本最佳的国际一流营商环境。粤港澳大湾区研究院课题组根据国家统计局等部门发布的数据，基于软环境、基础设施、商务成本、市场环境、社会服务、生态环境 6 个指标进行测算得出，深圳 2018 年营商环境位列全国第 1。在具体政策上，深圳营商环境的打造主要集中于 5 个方面：打造日益开放、双向通畅的贸易投资环境，打造综合成本合理的产业发展环境，营造高效透明的政务服务环境，完善金融发展的人才支持与发展环境，营造公平公正的法治环境。

②规划先行，顶层设计引领深圳金融创新发展。坚持顶层设计，注重规划先行。深圳金融业在改革开放初期整体呈快速发展态势，但发展整体质量偏低、竞争力不强，这一趋势延续到 20 世纪 90 年代中期。借助我国建立社会主义市场经济体系的政策红利，深圳抓住机遇开始致力于金融业发展。20 世纪 90 年代中后期，深圳以贸易为支撑、以香港为链接的金融体系逐步建立起来。21 世纪以来，深圳抓住我国加入 WTO、强化深港合作及建立健全开放型经济新体制的历史机遇，注重规划先行，践行国家战略，全面建设深圳产业创新和金融创新中心，以顶层设计引领金融部门全面、高速、规范和高质量发展。

在深圳金融改革创新、转型升级过程中，银行业发展和监管规划发挥了重要作用。深圳制定了《2005—2009 年深圳银行业发展及监管规划》，致力于促使辖区银行业建立安全、高效、稳健的运行机制。

一是建立健全资本补充机制，满足资本充足率指标；二是完善治理结构，发挥股东大会、董事会和监事会在治理体系中的核心作用；三是加强内部控制和管理，形成内控严密、经营稳健的现代化金融机构；四是强化机构经营服务能力，提升资产质量，提高经济效益和服务水平，增强金融机构竞争力和创造力。该规划涉及深圳市商业银行的转型发展，极大地促进了深圳银行业的整合、升级，增强了深圳银行业的竞争力。深圳市金融业发展“十一五”规划进一步明确了深圳金融业的功能定位和发展规划。在功能定位上，提出深圳金融业要“促进银行、证券、保险业持续均衡协调发展，努力把深圳建成中国一流的现代化、国际化的金融中心城市”。这是深圳首次提出金融中心城市的发展定位，明确金融在深圳及区域发展中的增长极功能。同时，提出金融发展的总体战略，即“三四五”战略：建成“三有体系”，即建设一个能有力支持深圳经济发展、有机配套深圳产业结构、有效防范化解风险的金融体系。“三有体系”的本质是将深圳的经济发展转型、产业结构升级及风险管理有效纳入金融体系建设和金融中心城市建设中，成为金融市场体系发展的实体支撑。打造“四个中心”，即把深圳建成“产业金融中心”“金融创新中心”“金融信息中心”“金融配套服务中心”。“四个中心”的核心是深圳金融发展的 4 个重点，即服务于产业发展、强化金融创新、注重信息数据功能、致力于构建完善的产业链及其业务生态。实现“五个转变”，即实现从规模发展向效益发展的转变、实现从引进发展向对外辐射发展的转变、实现从传统金融业向现代金融业的转变、实现从国有经济为主向多种经济成分并存的转变、实现从信用淡薄向诚信为本的转变。

深圳市金融业发展“十二五”规划将深圳的定位从金融中心城市提升至全国性金融中心，致力于促进深圳成为深港大都会国际金融中心的重要组成部分。该规划指出，深圳全国性金融中心建设主要包括三个层面：第一个层面是继续加强改革创新，深化开放合作，集聚金融资源，提升服务能力，重在强调深圳金融体系的“软建设”；第二个层面是明确全国性金融中心的业务重点，即以金融创新、多层次资本市场、财富管理、中小企业融资为特色；第三个层面是明确与香港的关系，即深圳金融发展的目标不是替代香港国际金融中心的地位，而是使深圳成为港深大都会国际金融中心的重要组成部分，形成深港金融要素互动的良性循环。该规划还重点强调人民币国际化及其安排，要求利用人民币国际化和金融市场开放契机，深化深港合作，通过支持香港建设人民币离岸金融中心，强化深圳作为人民币跨境流通主要渠道和人民币计价金融产品与服务创新重要主体的地位，加强资本市场和财富管理业务等优势领域的国际合作，以人民币国际化为契机提升深圳金融业的开放度和影响力。

深圳金融业发展“十三五”规划以金融创新核心区、产融结合示范区、国际金融先行区、金融品牌集聚区、金融运行安全区的“五区”功能定位为支撑，提出深圳成为人民币投融资集聚地和国际化金融创新中心的发展目标。强调以制度创新、改革探索和市场化实践，为我国金融业发展提供经验支持和智力贡献，丰富全国金融中心功能和内涵，全力建设“五区”，力争到2020年把深圳打造成为“联通香港、服务全国、辐射亚太、影响全球的人民币投融资集聚地和国际化金融创新中心”。在制定深圳金融业发展规划的同时，还通过专项规划匹配金融业发展总体规划，以促进金融业的发展。例如，深圳金融土地发展专项规划强调，在制定城市总体规划和专项规划时，应科学规划金融业发展用地规模及功能，优化金融发展空间布局，以与金融业发展的总体规划相匹配、相融合、相促进。加快深圳金融体系的建设，加快金融核心功能区土地整合与改造，形成金融基础设施齐全、代表性金融机构集聚、金融中心城市景观显著及金融人才集中的有国际影响力的现代金融核心功能区。

③市场发力，构建以金融机构为支撑的金融市场体系。在金融机构和市场体系建设上，深圳充分发挥市场对资源配置的决定性作用，通过向中央要政策、向市场要机制、向自己要服务，构建集政策、市

场、服务于一体的金融发展支持体系。一是通过整合中央政府、地方政府、产业、机构、科研等要素资源，形成以机构发展为核心、优势互补、要素融合的金融发展聚集效应。二是重点突破，以金融机构体系建设为核心，重点支持总部设立在深圳的金融机构，促进其向区域化、全国化及国际化方向发展，培育大型金融机构，形成较强的市场竞争力。三是积极构建多元化市场主体格局，引入多元化金融业态、中小型金融机构、专业工商服务机构及配套服务机构，形成产业链匹配和融合的金融市场主体格局。

深圳重点推进金融机构设置的优惠政策体系建设。在政府和金融主管部门的主导下，深圳金融业走出一条以机构带动产品、以产品带动市场、以市场带动体系的发展道路。银行、证券、保险等机构纷纷在深圳设立服务机构和相关支持体系，如技术研发中心。深圳证券交易所等金融交易平台的建立吸引了大量工商服务机构和专业服务机构，逐步形成了深圳金融发展的机构支持体系。国际金融危机爆发后，深圳强化了对金融业的支持力度。2008 年 4 月，深圳市人大常委会通过《深圳经济特区金融发展促进条例》，重点强调深圳发展资本市场的优势，提出重点支持深圳资本市场改革创新，以支持深圳证券交易所、优质上市企业、创业投资和私募股权投资基金等的工作为核心，为金融机构提供优质高效的行政服务和社会公共服务。

2012 年，《国务院关于支持深圳前海深港现代服务业合作区开发开放有关政策的批复》下发后，深圳进一步加大金融机构的引进力度和金融机构体系建设力度，以提升金融市场体系建设的水平及金融市场的竞争水平。一是利用先行先试的政策优势，以改革开放新窗口形象吸引金融机构。把握深圳前海深港现代服务业合作区建设的有利时机，重点强化深圳改革创新的内部动力和深圳金融产业集聚的内生效应。二是继续强化优惠政策。深圳不断创造具有综合优势的优惠条件，大力引进国内外各类金融机构、多元化金融业态进驻深圳，不断优化金融业发展的政策支持体系。但相对于改革开放初期，这一阶段的优惠政策具有显著的倾向性，致力于引入具有国际化、创新性、成长型、技术化的金融机构，以提升深圳金融业的区域竞争力甚至国际竞争力。三是强化金融支持体系建设。深圳鼓励国内外金融机构独立运作的业务部门、与金融业发展相配套的中介服务机构、金融信息企业和金融软件科技企业等落户深圳，以发展更加完善的金融产业链和生态圈。

2017 年以来，为进一步强化金融机构的集聚效应，深圳加快了金融总部经济的发展步伐，金融发展工作的重点在于鼓励和吸引国内外的金融机构在深圳设立法人总部，以增强深圳金融业的核心力、集聚力、辐射力，进一步强化以金融机构为支撑、以总部设立为目标的金融市场体系建设。对于在深圳设立法人总部的金融机构，以多种方式给予支持和鼓励，如设立一次性奖励、匹配搬迁费用补贴、奖励资本金增资等。当然，由于较大部分金融机构总部设置于北京、上海等地，深圳大力支持金融企业在深圳设立分支机构或区域总部，进一步形成要素集聚，助推特区一体化进程。

④链接粤港，建设多地互动的金融要素集聚区。首先，加强深圳金融集聚区规划建设。一是高标准、高质量进行金融集聚区规划。深圳提出建设“有深圳特色、有世界影响力”金融集聚中心的发展目标，将深圳创新基因与金融业务国际化相互融合。二是形成三大金融总部集聚区。深圳不断完善金融业总体布局规划，先后规划建设福田中央商务区、罗湖蔡屋围和南山前—后海三大金融总部集聚区。三是注重配套，强化专业化金融服务匹配建设。2017 年以来，深圳着力于提升龙岗平湖金融业服务基地功能定位，建设科技与金融深度结合的高效能专业化金融服务产业园区。四是以重大项目为支撑形成产业链节点、区域性中心或领域性中心。深圳加快推进平安国际金融中心、深圳证券交易所营运中心、资本市场学院等一批金融重大项目建设。加快罗湖蔡屋围金融中心改造升级，建设“金三角”金融商业核心区。规划建设宝安中心区产业金融集聚区，大力拓展金融业发展腹地空间。

其次，深化金融与产业要素融合。深圳在改革开放初期就注重产业发展，逐步形成了产业与金融相互融合的体制机制。21 世纪以来，深圳主要从以下两方面推动产融结合：一是利用高科技优势引入金融机构研发中心。深圳利用通信、软件、医疗卫生、生物技术、海洋经济等高科技领域的技术优势和辐射效应，通过多种渠道鼓励国内外金融机构在深圳设立业务创新实验室、产品研发中心、数据中心和专营性技术部门等机构。加强科技部门与金融部门的合作，提升金融产品科技开发和金融科技产业化发展的能力，为金融创新提供强有力的科技支撑。二是鼓励金融服务外包业务的发展。深圳在分析全球及国内金融业服务外包的发展趋势基础上，结合深港及粤港澳金融部门的特点，不断强化更贴近市场、服务科技创新的法律、工商、审计、税务、贸易、仲裁等配套服务及专业服务体系建设，形成金融机构、产业公司、创新中心、服务机构等融合发展的新模式。

再次，完善深港金融发展互动机制。香港是深圳金融发展的首要动力，深圳金融体系的一个重要组成部分就是香港地区的金融机构。2004 年末，深圳市共有银行业金融机构 66 家，营业性外资银行机构 31 家，数量居全国第 2，其中港资银行 19 家，深圳在 15 年前就成为港资银行在内地设立机构和开展业务最集中的城市。过去 10 余年，深港金融合作不断强化，尤其是前海特区设立后，深港金融互动进一步加深，跨区域的金融要素集聚区初具雏形。例如，深圳依托深港合作，大力推动跨境人民币业务创新，已成为跨境贸易人民币结算、跨境流动、跨境贷款、人民币债券等人民币跨境业务的核心载体和人民币国际化的重要探索者。

最后，强化粤港澳大湾区金融要素集聚区建设。建设粤港澳大湾区是新时代推动形成全面开放新格局的新举措，也是推动“一国两制”事业发展的新实践。2018 年 11 月，中共中央、国务院明确要求以香港、澳门、广州、深圳为中心引领粤港澳大湾区建设。深圳定位于大湾区中心城市，利用大湾区金融核心圈功能，推动粤港澳金融形成更加紧密、融合、高效的金融要素集聚区，形成一个统一融合的金融合作和资源配置新平台，促进港澳金融要素有效联通和双向反馈，提升粤港澳金融创新发展水平，打造引领泛珠、辐射东南亚、服务“一带一路”的金融枢纽，形成以香港为龙头，以广州、深圳、澳门、珠海为依托，以南沙、前海和横琴为节点的大湾区金融核心圈。深圳前海目前已成为大湾区核心圈的核心节点，其金融机构数目、营业收入、利润水平及税收贡献等大大超过了南沙和横琴，未来将成为大湾区金融核心圈的基础载体，并与香港国际金融中心功能进一步融合。

（3）深圳金融改革经验总结。

①以政府引导为基础。中央政府及相关部门、广东省政府和深圳市政府等的引导作用是基础性的。深圳金融创新发展的初期享受到政策红利，包括“四个特权”在内的诸多优惠政策为深圳金融发展提供了最优惠的政策保障，为深圳金融体系建设提供基本动力。我国加入WTO以来，深圳非常注重顶层设计和战略规划对金融部门发展和金融功能发挥的引导作用。特别值得注意的是，深圳市政府对于当地金融发展并没有明显的直接干预，主要是统筹好发展战略、制定好制度框架、设计好实施方案、提供好保障措施、发挥好引导功能，致力于提供最优质的公共服务和构建最优良的发展环境。

②以市场规律为准绳。21世纪以来，深圳金融体系的深化改革和创新发展更多得益于遵守市场规则和发挥市场规律的作用。重点借鉴香港等地的市场化运作经验，构建适合深圳实际情况的市场化机制；发挥金融机构和产业机构的微观经济主体作用，尊重其在资源配置中的主动性和能动性；构建良好的市场环境，为市场主体提供平等的金融参与权和市场化的金融收益权；逐步完善相关法律法规，用法律规范来维系市场公平与稳健运行。深圳在发挥好政策引导和环境建设功能的同时，更多的是让市场在储蓄投资转换、金融结构演进、金融机构发展、金融市场深化及金融产品服务创新中发挥基础性和决定性作用，有力促进了深圳金融市场体系的建设与完善。

③以重点领域为突破。深圳金融改革创新发展的速度远快于其他地区，关键在于其在不同时期以符合发展趋势的重点领域作为“抓手”，实现重点突破。改革开放初期，深圳注重满足经济建设的基本金融需求，重点发展基础金融服务和基本资金融通，为深圳发展提供了初步的金融服务。在社会主义市场经济建设开启后，深圳依托香港，依赖进出口、物流及其金融服务，建设以金融机构、产品和服务为基础的金融体系。同时，依托深圳证券交易所和多层次资本市场，建设以股票、债券为重点的直接融资体系。中国加入 WTO 后，深圳发挥了背靠制造业基地和面向中国香港、新加坡等国际金融中心的优势，重点突出产业金融，构建了较为完善的产业和经济体系，同时金融部门的广度和深度得到实质性拓展。国际金融危机后，深圳抓住国际金融体系中心东移的历史契机，重点发展资本市场、产业金融、资产管理、产业基金、保险等金融业态，使金融业作为一个相对独立的部门获得快速发展，深圳金融中心城市建设亦取得重要进展。2012 年以来，深圳利用前海特区和广东自贸试验区发展的机遇，重点推进深港合作和粤港澳大湾区建设，在金融创新、产融结合、人民币跨境业务和金融要素集聚等方面有所突破，区域性金融中心的功能不断提升。

④以风险管控为保障。深圳金融部门在改革开放初期出现过一些不规范行为和风险事件，但随着改革创新的深入，深圳充分认识到金融在提供资金融通的同时也存在“经营风险”，有效防控金融风险、确保金融体系稳定是金融部门发挥职能、优化结构、促进增长的前提。尤其是国际金融危机后，深圳坚决守住不发生区域性和系统性金融风险的底线。这个底线目标的实现，得益于较为有效的金融监管、相对完善的法律框架、较为激烈的市场竞争、充满活力的实体经济等因素。

9.2.3 国内金融开放经验的总结及启示

（1）坚持党的基本路线。党的基本路线即以经济建设为中心，坚持四项基本原则，坚持改革开放，是我们党在深刻总结历史和当前的实践经验的基础上形成的，是建设具有中国特色的社会主义的指导方针。金融改革开放只有坚持党的基本路线，才能朝着正确的方向发展，取得实实在在的成效。这是我国金融改革开放最基本的经验。现代金融业是商品经济发展的产物，它服务于经济并作为一种强大的推动力促进经济的发展。金融体制必须适应经济发展的需要，当金融体制不能适应经济发展的时候，必须对金融体制进行改革。改革必须从是否有利于发展我国经济出发。只有坚持了生产力标准，坚持以经济建设为中心，才敢放开手脚，大胆改革、开放，才能取得巨大成就。金融改革开放，还必须坚持四项基本原则。实践证明，不实行改革开放，四项基本原则就不可能真正得到坚持；不坚持四项基本原则，改革开放也会夭折。在金融改革开放的过程中，正是由于两者的关系得到了正确的处理，才使改革开放能保持正确的方向。

（2）坚持与整体经济改革同步。金融体制改革是整个经济体制改革的一个组成部分，它和整个经济改革相辅相成、相互促进。金融改革开放既不能超前，也不能滞后，而必须和经济体制的改革同步进行。强调金融改革和整个经济改革配套进行，是要充分利用各项经济体制改革之间相互促进的关系，积极利用外部有利条件，推进自身的改革。同时，金融改革始终立足于为实体经济服务，坚持市场化方向。正是由于我们坚持了市场化的基本方向，才有了我们四大国有商业银行脱胎换骨的股份制改造，才有了国有商业银行服务水平的不断提高和内控制度的完善；也正是因为坚持了市场化，并将《巴塞尔协议》等国际通行行业管理规范作为提升和衡量我国商业银行综合竞争力水平的标准，在监管层面予以强化，才使我国的金融业在很短的时期内完成了与国际市场的接轨；也正是由于坚持了市场化，才使我国金融行业的市场参与者不断增加和日益活跃，并呈现出外资和民资在银行、证券、保险市场平等竞争的新格局。

（3）正确处理改革与稳定的关系。金融改革、金融稳定和发展经济是相互制约、相互促进的。金融和国民经济各部门、各方面都有着密切的联系。金融稳定是经济发展的保障条件，并支撑和推动着改革的深化。金融改革是要扫除经济发展中的体制障碍，使金融更好地为经济发展服务，促进经济更快更好发展。它和金融稳定有着共同的目的。反过来，经济发展又是金融稳定的基础，也是加快金融改革的有利条件。三者关系处理得好，可以相互促进，达到事半功倍之效果；处理得不好，则会相互影响，只能事倍功半，甚至使良好的愿望变成不良的后果。在过去的金融改革中，三者的关系基本上得到了较好的处理。在重大改革措施出台时，金融主管部门首先考虑是否有利于经济的发展，同时也注意到对金融稳定的影响。在处理改革、稳定和发展之间的关系时，需要防止片面强调某一方面的做法，尤其需要注意不能把在特定条件下采取的某些稳定金融的措施固定化，以免影响改革的深入。

（4）正确处理央行和地方的关系。金融改革的内容很多，影响到金融系统、金融机构乃至每个职工的工作关系和各种利益。因此，金融改革既要加强人民银行总行对改革的领导和规划，又要调动各专业银行、其他金融机构以及广大金融职工的积极性，使各方面能够相互配合、共同探索，把改革引向深入，关键在于人民银行的工作。近年来，人民银行在制定体改规划和方案时，认真考虑各专业银行和其他金融机构的实际情况并充分听取他们的意见。对于专业银行创造的新经验要及时推广，推动了改革的深化和发展。要调动各方面改革的积极性，还需要人民银行努力协调好各金融机构之间的利益关系。金融改革，将在一定程度上、一定范围内调整各类金融机构之间的利益关系。在改革中人民银行作为中央银行，有责任也有能力协调各方利益，使大家从整体利益出发，支持改革措施。在金融机构的设置、业务范围的确定、经济责任制的实施等问题上，人民银行都按照既坚持整体利益，又适当照顾各方利益的原则，做了大量的工作，调动了各方的改革积极性。

（5）勇于开拓并且坚持实事求是。金融改革是开创性的工作，需要开拓精神。如果凡事都以既存的制度、规定作为判别是非的标准，就无改革可言。但是改革开放也不能脱离实际情况和现有条件，否则容易成为纸上谈兵。因此，必须坚持实事求是原则，把科学态度和开拓精神结合起来。要克服消极等待和急于求成的情绪，以积极的态度、稳妥的措施，进行大胆的改革。我国的金融改革完全根据国内需要，既积极主动地吸收借鉴各国金融改革的成功经验和经营管理技术，鼓励外资金融机构和战略投资者参与包括我国四大国有商业银行在内的金融机构的股份制改造和在中国设立分支机构，也重视支持国内金融机构“走出去”学习，设立分支机构和参股控股境外经营。金融业的改革与开放发展一定要从实际出发，在借鉴吸收国际金融业发展的基本规律基础上，始终立足于本国国情，结合实际进行创新。要按照当时条件，推行改革措施；要因地制宜、分类指导，不搞“一刀切”，提出符合当下的改革措施，并使之逐步改善。

10

对外开放新格局下陕西金融业改革与开放发展的前景

10.1 陕西高层次开放型金融体系基本形成

10.1.1 金融改革领域深入推进

2021年9月24日，陕西省地方金融监督管理局和陕西省发展改革委联合印发了《陕西省“十四五”金融业高质量发展规划》（以下简称《发展规划》）。《发展规划》以金融服务实体经济为根本定位，体现了金融业助力陕西经济追赶超越的担当作为，突出了新发展阶段“推进高质量发展”的主题，以创新、协调、绿色、开放、共享为新发展理念，以金融业供给侧结构性改革为主线，《发展规划》的实施将对陕西实体经济结构调整优化提供有效支撑。2022年7月1日，《陕西省地方金融条例》（以下简称《条例》）正式施行。《条例》既是践行习近平法治思想、习近平总书记关于金融工作重要论述和第五次全国金融工作会议内容的具体行动，同时也是陕西地方金融领域贯彻落实“五项要求”“五个扎实”的具体举措，将为推动陕西金融高质量发展提供有力法治保障。《条例》的出台与实施，对于推动陕西省建设地方金融体系、保障地方金融安全稳定、维护金融消费者和投资者合法权益、加快陕西金融高质量发展具有重要意义。《条例》的实施将不断完善金融治理体系和服务体系、推进金融服务地方实体经济的能力和水平得到全面提升，并有效防范和化解金融风险，为陕西省经济社会高质量发展谱写新篇章贡献金融力量。

随着《发展规划》和《条例》的出台与实施，陕西金融业改革与开放将不断深入发展。一是融资结构的调整，即大力发展直接融资，尤其是要重点发展股权融资，在从早期风险投资一直到企业上市融资的全链条股权投资服务方面谋划部署了大量任务举措，如聚集金融资源全力支持“秦创原”创新服务平台、设立“秦创原”国际路演中心，成立陕西资本市场服务中心与各主要交易所紧密对接、制订上市公司倍增计划、加快区域股权交易市场改革等，融资结构的调整将有助于陕西主动调整自身的产业结构和经济结构，在股权融资的大力发展中获得产业和企业发展的增量，为陕西创新驱动发展战略提供有力的支撑。

二是区域金融布局的优化。基于陕西各市在金融业发展上的优劣势，就各市（区）金融资源的聚集、金融改革创新的推进、金融风险的防控进行盘点，同时制定区域金融差异化发展的任务，如西安市的主要任务是加快建设西安丝绸之路金融中心、创建国家科创金融改革试验区，而各市则走区域金融差异化特色发展道路，如榆林要打造具有能源特色和绿色转型的金融高地、宝鸡市建设高端装备制造金融功能区、杨凌示范区建设农科金融改革试验区、铜川市建设丝路金融科技产业园、汉中市建设陕甘川毗邻城市区域金融服务中心，各市都在陕西金融业改革与开放发展中找到了自身的发展任务和动力。

三是金融服务结构的优化。出台更多更全面的金融服务创新驱动、金融服务中小微企业、金融支持乡村振兴、金融支持绿色低碳的任务举措，金融业通过自身结构的调整来更好地支持实体经济，在新的金融发展环境中，不仅大项目、大企业可以得到更好的金融服务，各类创新型小项目、各类中小微企业、新兴农业经营主体、绿色低碳产业也将获得更多更好的金融服务。

四是金融组织结构的优化。坚持同时发展地方金融机构与外来金融机构，在着力壮大地方金融组织的同时，积极设立新的金融组织并鼓励外来金融机构的加入。一方面大力支持长安银行、西安银行、秦农银行、陕西信用合作社、陕西省国际信托投资股份有限公司（简称“陕国投”）、陕西金融资产管理股份有限公司（简称“陕西金资”）、西部证券、开源证券、西部信托、长安信托、永安保险等地方法人金融机构的改革与发展；另一方面积极设立和引入人寿保险公司、金融租赁公司、征信公司等其他金融机构。布局的完善优化将有利于陕西更主动地用好金融资源，有利于金融业更全面地满足各类金融需求。

依据《发展规划》，陕西在深化金融改革领域，将推动中欧班列“长安号”高质量发展。规划到 2025 年，直接融资占比和普惠金融重点领域贷款余额占比分别达到 30% 和 15%，人均对外直接投资额达到 21 美元，人均实际使用外资额达到 395 美元，人均货物贸易总额达到 18060 元，人均服务贸易总额达到 1650 元，实现集装箱吞吐量达到 50 万标准箱，货运量达到 400 万吨，建成投用 10 个海外仓，各项指标全国领先，转变交通枢纽为贸易枢纽和产业枢纽。深化“放管服”改革，优化服务环境，提高政务效能。落实《陕西省优化营商环境条例》，深入开展优化营商环境“五大专项行动”，加快打造市场化、法治化、国际化的营商环境。在金融改革领域深化过程中，陕西将以《外商投资法》的落实为引领，为外商在陕投资提供更加便利化的服务平台和市场环境。

10.1.2 金融开放迈出新步伐

2021 年，陕西以平台的优化建设促进开放的深化推进，中欧班列（西安）集结中心、“单一窗口”的加速建设进一步提升了陕西国际贸易的竞争力，开拓了国际市场；深入共建“一带一路”，扩大务实合作，更大程度拓展“双循环”整体格局；以产业优化升级为核心，结合产业链精准招商高效引资，优化“双循环”的产业结构。中国海关数据显示，2020 年，陕西进出口总值达 3772.1 亿元，同比增长 7.3%。其中，出口 1929.6 亿元，同比增长 3%；进口 1842.5 亿元，同比增长12.2%；同期贸易顺差87.1亿元。同期，陕西对“一带一路”沿线国家进出口额为630.4亿元，同比增长26.7%，高于全国增速25.7个百分点。陕西省商务厅数据显示，2020年，陕西实际利用外资84.43亿美元，同比增长9.2%，实际引进内资10820亿元，同比增长7.7%。2020年，陕西全面落实《外商投资法》及其实施条例、2020年版外商投资准入负面清单，大力推进外商投资信息公共服务平台建设；拓宽利用外资渠道，支持企业采取境外借款、境外发债、内保外贷等方式吸引外资，全年境外融资26.54亿美元，同比增长21.4%。

一是提升地方金融综合实力，完善地方金融服务体系。包括做强做优法人金融机构、完善地方金融组织体系、培育壮大新兴金融组织、加快发展金融中介服务机构。二是支持鼓励金融创新。以设立金融科技创新改革试验区为引领，支持新型创业孵化平台、创新科创融资模式、完善科技保险机制。三是深化金融改革创新，服务实体经济转型升级。包括推动产业链供应链资金链融合发展、推动房地产金融健康发展、增强普惠金融服务能力、构建绿色金融体系、着力服务乡村振兴战略、提升民生金融服务水平、积极发展消费金融、推动金融科技发展。四是利用多层次资本市场，不断提高直接融资比重。加快优质企业上市、提高上市企业质量、发展债券市场、推动区域股权市场规范发展、提升保险服务功能。五是发挥比较优势，推动区域金融差异化发展，加快建设西安丝绸之路金融中心以及装备制造金融、能源金融、绿色金融、科技金融和金融服务中心等。六是推动金融服务业开放，深化国际金融合作。提升金融业对外开放水平、全面融入“一带一路”倡议、提升自贸区金融服务水平、稳慎推进人民币国际化。七是加强金融人才建设，创新金融人才发展机制。提升金融人才工作水平、加强金融人才队伍建设。八是坚决维护金融安全，优化金融生态环境。加强金融法治环境建设、健全完善社会信用体系、提升金融风险防控水平、严厉打击非法金融活动。

10.1.3 经济金融高质量发展

关于经济高质量发展，学者们大多认为其是对“创新、协调、绿色、开放、共享”五大理念的丰富和升华，是创新成为第一动力、协调成为内生特点、绿色成为普遍形态、开放成为必由之路、共享成为根本目的的发展，从协调发展理念体现为经济增长的强度、稳定性和经济结构的合理化，从开放发展理念体现为建立全方位对外开放新格局，从共享发展和创新发展理念体现为强化人力资本积累并使社会成员充分分享经济发展的成果，从绿色发展理念体现为对生态环境保护的投入力度。

2021 年 8 月 26 日，作为我国首家省级资本市场服务平台，陕西资本市场服务中心正式成立，其将成为推进陕西金融改革与开放发展、强化金融服务地方实体经济的重要力量。金融与经济共生共荣，金融业的改革与开放发展必然带动经济发展，成为经济高质量发展的基础动力和重要保障。一是金融业贡献度稳步提升。预计到 2025 年末，金融业增加值达到 2900 亿元，年均增速达到 9%，金融业增加值占地区生产总值比重提高到 8%左右，金融业资产规模达到 8 万亿元。二是金融业综合实力不断增强。推动地方法人金融机构做强做优。引入国际、国内一流金融机构在陕设立区域性或功能型总部。加大五类机构行业培育力度，支持地方资产管理公司和区域性股权市场做强做优。三是金融服务实体经济能力大幅提升。预计到 2025 年末，陕西本外币存贷款额将分别达到 7.5 万亿元和 6.5 万亿元以上，2025 年陕西社会融资规模增加 8000 亿元以上。陕西境内外上市公司数量力争达到 120 家，直接融资占社会融资规模增量的比例达到 30%。保费收入达到 1600 亿元，保险深度达到 4.4%，保险密度达到 4000 元/人。普惠金融重点领域贷款余额占比力争达到 15%。私募创投机构管理基金规模保持在 1000 亿元以上。四是金融生态环境持续优化。银行业不良贷款率稳定在全国平均水平以下，地方政府融资平台、大中型民营企业债务风险平稳化解，债券市场力争不发生违约事件。金融违法犯罪活动和非法金融活动得到有效遏制，全省金融秩序保持持续稳定。

10.2 陕西金融业改革开放程度与陕西经济增长相互促进

10.2.1 陕西金融业开放发展支持陕西经济增长

（1）陕西产业转型升级。陕西金融业的改革与开放发展将伴随区域经济共同成长，主动服务国家和陕西战略大局，始终支持实体经济发展，助推陕西产业转型升级，促进陕西区域经济发展。

（2）陕西外资机构营商环境进一步改善。目前，中国正逐步进入高质量发展阶段。党的十九大报告明确提出“要建设现代化经济体系”，其中“加快建设创新型国家”和“推进形成全面开放新格局”是现代化经济体系的重要支撑。现代化经济体系的构建不仅需要金融业开放来服务于全面开放的总体布局，同时也需要金融业开放来匹配创新型经济的发展进程。

（3）金融支持科技和产业创新，就是谋未来、谋发展。科技创新是引领经济发展的第一动力，抓住了科技创新，便抓住了陕西经济高质量发展全局的“牛鼻子”。陕西金融业将不断地促进、推进金融业的科技创新，并构建与地方实体经济紧密结合的全面创新体系，加快推进人才发展体制和政策创新。

（4）支持科创的直接和间接融资体系逐步健全。直接融资体系是支持科技创新的主力军。近年来，随着金融业服务实体经济尤其是中小企业的力度不断加大，科技企业金融可获得性明显提升，信用贷款推广和资本市场改革将有效降低企业融资与上市门槛，企业根据市场需求和战略方向主动寻求科研院校并与其合作，进一步增强竞争力，推动科技成果转化。科技金融是一项系统性工作，涉及产业、科技、金融、财税多个领域，也涉及金融各个子行业，需要各方进一步共建良好市场制度和生态环境。

10.2.2 陕西经济增长促进陕西金融体系更加完善

（1）培育并提升金融业集聚带动能力。陕西金融业的改革开放与发展将鼓励和吸引金融机构加速进驻西安或其他中心城区，形成显著的金融集聚效应，强化西安国家中心城市功能，辐射带动陕西省经济全面增长。

（2）陕西金融体系供给结构更加完善。中小型外资机构的引入，有助于改善陕西金融供给的不平衡不充分问题，提高金融供给质量。一方面，中小型外资机构的进入可丰富陕西金融业主体，有效改善陕西金融体系供给失衡状态；另一方面，基于自身体量和话语权的考虑，中小型外资机构进入陕西市场后，更可能与省内中小型银行开展合作，本地中小型银行的资金来源更加多元化，满足其资金募集需求，改进中小型银行的公司治理水平和经营效益，最终帮助本地中小型银行更好地支持科创型中小企业发展。

（3）促进本土金融机构竞争力提升。外资金融机构具有丰富的运营经验和较强的发展能力，外资金融机构的入驻可为中资金融机构带来先进的管理理念和成熟的金融产品，提升中资银行在中小企业贷款、财富管理和风险控制方面的差异化服务能力。陕西本土金融机构还可充分利用外资机构的全球网络、跨境服务经验等优势，加快其海外布局。

10.3 陕西金融业改革开放与金融风险防控能力高度匹配

10.3.1 金融风险管理水平大幅提升

金融开放增强了市场波动性传导，中资机构需提升风险管理水平。随着金融市场开放的深化及外资持股比例的增加，全球金融市场的波动性、海外资产的流动性，以及外资母公司的风险传导将对陕西本土金融业造成冲击。因此，陕西监管层需要不断完善金融监管体系、提升监管有效性，以增强抵御金融风险的能力。而中资机构在与外资合作的同时，应通过构建多层次、全方位的风险隔离机制，提升风险管理水平。2020 年底，陕西金融控股集团有限公司（简称“陕西金控”）对外宣布，近年来，陕西金控努力提高专业化水平、布局全面风险防控体系、推进现代化企业管理升级。风险防控是金融企业的生命线，也是陕西金控实现战略转型的重要保障。陕西金控把防范化解各类风险工作始终放在第一位，坚决守住系统性金融风险防控的底线。

《条例》主要从两个方面对陕西地方金融的发展要点进行了规范：一方面规范了地方金融组织及其业务活动，加强了对地方金融的监督和管理，注重金融风险的防范与化解，积极稳定好区域金融，并维护好金融交易者正当的合法权益；另一方面提出促进地方金融高质量发展，引导地方金融增强普惠性，支持绿色、科创类经济持续向好发展。以改革创新为根本动力，以扩大开放为突破，兼顾经济发展，深度融入开放发展新格局，加快经济体系和治理体系的现代化进程，提升经济治理能力，在维持经济社会稳定的基础上实现发展现代化，助力全面建设社会主义现代化国家战略实施，实现新时代陕西经济社会现代化发展。

10. 3. 2　金融风险预警机制更加完善

风险防范是金融业永恒的主题。金融风险预警机制的完善，一方面将强化监管统筹协调，实施功能监管和行为监管，提高监管针对性；另一方面需要充分运用金融科技尤其是监管科技手段，提高监管的数字化、智能化水平，提升监管精准性。同时，在提升金融风险防控和严厉打击非法金融活动方面，陕西需要落实地方政府金融风险防范处置属地责任，建立完善地方金融风险应急处置机制，严厉打击各类逃废金融债务、非法的证券及期货交易、新型电信网络违法犯罪、跨境赌博等行为和活动，多方面营造综合良好的区域金融发展环境。

要加快适应陕西金融业高水平开放的步伐，开发多样化的政策工具，加强宏观监测和审慎管理，健全和完善系统性风险监测、预警和评估体系；持续优化“宏观审慎 + 微观监管”两位一体的金融市场监管框架，加强对资本市场跨境投融资行为和资本流动的监测与分析研判，将所有金融机构、金融业务和金融产品纳入审慎监管框架，在保证金融市场稳定运行的同时做好金融风险的防范；加强金融监管的国际合作，强化跨境金融活动的秩序性，创造良好的跨境投融资环境；补齐短板，创新完善金融科技监管体系，强化专业性与有效性的提升，牢牢守住系统性风险的防控底线。“金融活经济活，金融稳经济稳”，面对高质量发展的契机，在不断深化金融改革开放、提高金融管理能力和风险防控能力的背景下，陕西金融业或将为经济社会健康发展注入源源不竭的动力。

10.3.3 金融风险化解能力不断增强

“十三五”期间，陕西金融领域扫黑除恶专项斗争取得阶段性胜利，金融生态环境持续优化。《发展规划》的发展基础中指出，陕西非法集资陈案处置率达到 90%，非法集资案件新发势头得到有效遏制，退出全国前 10 行列；P2P 网贷平台存量风险基本化解，互联网金融风险基本出清；同时，清理整顿各类交易场所稳步推进，违规交易场所全部叫停，存量风险持续出清；部分市（县）政府融资平台、大中型民营企业债务风险平稳化解。

为了贯彻中央关于服务实体经济、防范化解金融风险、深化金融体制改革、健全地方金融监管体制、提升地方金融监管效能的要求，陕西出台了首部地方金融领域法规——《陕西省地方金融条例》。该条例从地方金融组织、发展服务、监督管理、风险防范处置、法律责任等方面进行了规定，厘清了中央金融监管部门派驻机构与地方金融监管之间、地方金融监管内部机构之间的关系，明确建立了权责统一、三级联管的监管体系和统筹协作的监管体制，在地方立法权限范围内和国家授权范围内明确并细化各级、各部门职责权限。进一步提升政府及有关部门监管水平和防范化解处置金融风险能力，规范地方金融组织合法、自主和稳健经营。

陕西省大力提升金融风险防范化解的有效性，多手段多角度维护金融系统整体平稳运行。陕西应坚持以习近平新时代中国特色社会主义思想为指导，深入学习贯彻习近平经济思想和习近平总书记关于防范化解重大风险重要论述、来陕西考察时的重要讲话重要指示，认真落实党中央、国务院决策部署和省委、省政府工作要求，牢牢把握“稳定大局、统筹协调、分类施策、精准拆弹”基本方针，坚持稳字当头、稳中求进，进一步提高政治站位、强化使命担当，排查风险隐患、整治管控到位，扛牢压实责任、掌握工作主动，完善体制机制、提高治理效能，稳妥做好经济金融领域风险防范和处置工作，守住不发生系统性风险的底线，不断提升金融服务支持实体经济质效，推动全省金融业持续健康发展，为奋力谱写陕西高质量发展新篇章贡献金融力量。

11

对外开放新格局下陕西金融业改革与开放发展的路径

11.1 统筹各类金融资源，综合发展金融市场

综合金融是指在符合金融监管要求的前提下，金融机构向客户提供银行、保险、证券等两种或两种以上金融产品和服务的经营模式。近年来，伴随我国金融产品的创新性突破，金融机构间的经营壁垒逐渐被打破，金融市场业务亦开始形成广维度运营、多行业联动、跨市场关联的综合化运营特征。这种综合运营的方式通过多元化供给拓展了金融机构的服务领域，有力应对和破解了中小型企业融资难题，助力经济稳增长。近年来，我国综合金融发展不断取得新突破，有效开展了综合金融试点示范，助力应对新冠疫情和服务民生，以金融业综合化运营有力支持实体经济发展。金融机构开展综合化运营既有实践基础，又有实践价值，有利于全面增强金融服务实体经济质效，着力稳定宏观经济大盘。

陕西金融业改革与开放发展，应以市场主体需求为导向，积极统筹协调各类金融资源，大力集聚金融要素市场和金融机构，推动金融政策和资源“应惠尽惠”，积极引导陕西金融机构加大对实体经济的信贷支持；积极参与政银企座谈会，推动金融机构对接各类企业；牵头建立“稳企业保就业”工作机制；用好用活存款准备金、再贷款、再贴现等政策工具。

聚焦产业脱贫、基础设施建设、易地扶贫搬迁等领域，完善扶贫小额信贷政策，建立贴息及风险补偿政策，为贫困户发展生产、贫困

地区基础设施建设等提供有效支撑。一是大力发展股权融资。启动优质企业上市改制工作，采取财税奖补激励措施，鼓励符合条件的优质企业上市进行股权融资。同时鼓励已上市的优质企业进行扩张，可通过企业并购或重组整合行业资源，带动产业集群发展。二是积极拓展债券融资。大力支持利用发行各种类型债券进行融资，最大化满足各类企业的合理资金投入需求。同时稳妥推进债转股和资产证券化，全面盘活各类金融资源。三是鼓励引导保险融资。发挥保险的融资功能，利用保险资金支持实体经济发展，以债权、股权、债股相结合等方式服务于高新技术产业、国企混改、战略性新兴产业等重点领域。四是做大做强地方法人金融机构。按照现代金融企业治理标准，完善地方法人金融机构治理结构，提高金融机构经营效率并增加竞争意识。着眼于区域性保险市场建设，支持法人保险公司加快发展。支持法人信托公司充分发挥市场化优势，持续优化资产布局。打造大型金融控股集团，整合地方金控平台，建设陕西战略性、创新性金融资本运营平台。

11.2　对接国家发展战略，提升金融服务能力

积极贯彻落实党中央、国务院各项重大决策部署，将人民银行总行工作要求与陕西实际紧密结合，围绕“六稳”“六保”工作强化金融部门的责任担当，为陕西高质量发展、实现超越目标加油赋能。首先，积极对接国家扩大开放发展的战略方针，在总结借鉴金融业开放发展成功经验的基础上，依据金融发展理论及现代金融体系发展基本规律，推动陕西金融业改革与开放发展。其次，始终坚持金融与实体经济紧密结合的基本理念和基本制度规则，促进金融与实体经济的协同发展。最后，在构建国家对外开放新格局的背景下，陕西金融业改革和开放发展必须立足于“陕西禀赋”，将国家经济金融发展战略与陕西金融资源及其发展实际有效结合，切实走出一条具有陕西特色的金融改革与开放发展道路，并建立起相应的陕西产业模式和制度框架。

2018年以来，人民银行、银保监会等部门先后宣布并推动实施50余条具体开放措施，大幅放宽外资金融机构准入条件，并稳步推进金融市场开放。2020年起，我国陆续出台相关政策放宽部分金融机构外资持股比例限制。2020年9月6日，人民银行、银保监会、证监会、外汇局等金融监管部门在“2020中国国际金融年度论坛”上齐发声，释放出进一步推进金融开放的强烈信号。我国将构建更高水平的开放型金融新体制，推动金融业迈向以准入前国民待遇加负面清单制度为基础的制度性、系统性开放。在国家大力引导支持金融业开放发展的政策机遇下，在“双循环”发展大格局下，陕西金融业应紧跟国家金融开放发展步伐，抓住构建对外开放新格局和深入共建“一带一路”的重大机遇，积极创新，提升服务跨境金融的综合能力，最大化满足境内外客户的各类跨境金融需求。立足西部大开发并借助陕西自贸区建设，构建与完善陕西对外金融机构服务体系，提高陕西跨境金融服务能力和水平，推进陕西金融市场的对外开放。持续加大金融精准扶贫力度，新增金融资源要向深度贫困地区倾斜，加大乡村振兴金融服务力度，把更多金融资源配置到农村重点领域和薄弱环节，推动城乡融合发展。继续巩固和深化陕西省铜川市宜君县农村普惠金融综合示范区试点成效，推动铜川市全国普惠金融综合改革试验区获批，推进世界银行普惠金融全球倡议中国项目试点落地实施。

11.3 深化金融供给侧结构性改革，创新金融服务类型

习近平总书记指出：深化金融供给侧结构性改革必须贯彻落实新发展理念，强化金融服务功能，找准金融服务重点，以服务实体经济、服务人民生活为本。陕西金融业要深入贯彻落实习近平总书记关于深化金融供给侧结构性改革的重要论述，努力围绕陕西经济发展特点和融资需求，弥补金融服务短板和不足，优化金融结构和资源配置，以金融改革推动经济改革。

一是要立足地方产业基础，调整优化信贷结构。要结合陕西制造

业基础雄厚、产业聚集度高的特点，促进信贷资源向传统产业改造升级、战略性新兴产业等重点领域集中，提高制造业中长期贷款和信用贷款占比。人民银行西安分行设立了高技术产业民营和小微企业金融服务“领办行”制度，在全省推进建立“金融顾问”“首贷促进”“监测评估”3项机制，目的就是更好地引导金融机构加大制造业信贷投放，服务好实体经济发展。二是要加大直接融资力度，促进股权融资增长。2019年8月，陕西省政府制定出台《推进企业上市三年行动计划（2019—2021年）》，通过实施9项重点任务，加快推进企业上市、促进上市公司质量提升。陕西金融业要积极行动、加强配合，推动该行动计划的顺利实施、实现预期目标，促进企业融资结构的调整优化。三是发展壮大地方金融体系，提升市场竞争力。要按照差异化、特色化、现代化发展思路，做大做强地方法人银行、证券、信托、保险机构和金融控股公司。鼓励地方法人金融机构通过上市、资产重组等，扩大资产规模，提高资本运作能力。

推进地方法人金融机构改革创新，完善地方法人金融机构公司治理结构，厘清“三会一层”的边界和职责，实现业务规模、经营效率、资产质量同步提升，促进提升经营管理能力和市场竞争力。支持地方法人金融机构上市，着力将长安银行和秦农银行打造成全国一流的农商行；支持西安银行创新发展，保持其在全国城市商业银行中的领先地位，巩固标杆行地位；支持西部证券利用资本市场做大做强，成为具备综合优势的一流投资银行；支持开源证券上市发展，充分借助资本市场实现跨越式发展；发挥陕西国投投融资优势，实现西部信托、长安信托错位发展，打造国内行业领先地位；支持永安保险上市，成立保险资产管理公司，向大型保险集团发展；支持符合条件的民间资本在陕西申设民营银行；继续推动金融租赁公司、人寿保险公司等金融牌照的申设；以设立农村信用社改革试点为引领，积极发挥农村信用社在服务农村经济和助力乡村振兴中的重要作用，坚定陕西农村信用合作社的农村金融主力军地位，支持条件成熟的农村信用合作社改建农商行，支持陕西金控转型发展。

金融业要立足陕西区域文化资源优势，积极开发适合陕西文化行业“轻资产”特征的信贷产品，增加文化产业信贷投放；围绕自贸区与“一带一路”沿线国家的科技合作、教育合作、文化交流、文化贸易，提供更具针对性的金融服务；围绕支持重大项目建设、优化支付服务环境等方面，统筹规划、多措并举，全力做好“十四运”金融服务保障工作。建立减税降费业务“绿色通道”，推进减税降费直达快享，实现政策红利直达市场主体。扎实推进金融知识纳入国民教育体系，组织开展金融知识普及示范点标准化建设，切实保护金融消费者权益。围绕征信、人民币流通、外汇服务等领域，继续提供更多优质便捷的金融基础服务。

11.4 完善金融基础设施，强化金融服务功能

金融基础设施是金融市场稳健高效运行的保障，是宏观审慎管理和强化风险防控的重要抓手。金融业发展取得的成绩，离不开金融基础设施功能的发挥。作为金融市场的核心组成部分，金融基础设施在金融国际化发展中具有基础性作用，金融基础设施的建设与完善为陕西金融业发展提供了重要支撑。而金融业的改革与开放发展对金融基础设施提出了国际化的新要求，加强金融基础设施的跨境互联，将有利于陕西持续提升对外资的吸引力，实现更高层次的开放创新。

一是加强宏观审慎监管。建立金融风险监测预警机制，人民银行西安分行加大对互联网金融、房地产金融、地方法人金融机构等的风险监测和预警工作。二是加快征信平台建设。制定数据技术标准和规范，加快陕西地方征信平台建设步伐，包括：设立陕西省级征信平台，整合并共享各金融部门数据信息，为各市场主体投融资活动提供相关数据信息支持；坚持“征信为民”理念，大力开展信用报告查询渠道建设，形成人民银行柜台、金融机构自助查询代理点、互联网查询“三位一体”的信用报告查询服务体系，保障征信查询服务工作不

中断。三是打造数字金融服务平台。鼓励支持金融科技创新，聚焦支持服务中欧班列（西安）集结中心建设，加快“长安号”数字金融综合服务平台建设，推动陕西金融数字化发展，激发陕西金融服务涉外经济的活力。

11.5 优化金融市场体系，拓展金融服务领域

（1）完善陕西股权交易中心建设。推动陕西股权交易中心完善权益交易、登记托管、投融资等功能。打造企业并购重组服务平台，做强科技创新专板，将区域股权市场建设成为小微企业的融资中心、资本市场中介服务平台、小微企业扶持政策和资金综合运用平台。探索搭建开放式服务平台，优化股权登记、质押、托管等服务，提升各类市场主体自主申报效率，为相关企业转挂牌奠定基础。加强区域股权市场监管，夯实“塔基”促进规范发展。

（2）重点推动债券市场规范发展。推动发行政府专项债券用于补充中小型银行资本。支持长安银行、西安银行、秦农银行以及符合条件的农村合作金融机构发行资本补充债券用于补充资本，发行专项用于支持小微企业、“三农”的金融债券。支持证券公司通过发行债券融资。支持非金融企业发行公司债券、企业债券、非金融企业债务融资工具等开展直接融资。支持整合升级后的市（县）融资平台公司、综合性国有资本运营公司积极开展信用评级，利用债券市场融资。发挥国际资本市场融资功能，支持符合条件的企业开展境外债券融资。组织辖内企业债券发行路演和推介活动，设立辖内具备债券发行条件的企业名单库。

（3）完善地方法人金融组织体系。推进陕西地方法人金融机构全方面改革创新，优化治理结构，同步提升地方法人金融机构的经营效率、业务规模和资产质量。一是银行类金融机构方面。支持长安银行上市，成立理财子公司，争取进入国内城商行领先行列。支持秦农银行争取在全省布局，加快筹备上市，走特色化发展道路，打造全国一

流农商行；支持西安银行创新发展，保持在全国城市商业银行中的领先地位，巩固标杆行地位。二是非银行类金融机构方面。大力支持西部证券做大做强，提升综合优势，将西部证券打造成为一流的投资机构。支持开源证券上市发展，充分借助资本市场实现跨越式发展。支持陕国投、西部信托、长安信托发挥专业优势，在投融资、财富管理领域扩大发展，在国内信托公司行列居于领先地位。支持永安保险上市，成立保险资产管理公司，向大型保险集团发展。支持符合条件的民间资本在陕西申设民营银行。继续推动金融租赁公司、人寿保险公司等金融牌照的申设。积极争取国家批准陕西深化农村信用合作社改革试点，保持农村信用合作社农村金融主力军地位不动摇，保持县域法人地位总体稳定，支持有条件、有意愿的市（区）通过城区农商行、农村信用合作社合并等方式组建市级农商行。支持陕西金控转型发展。支持陕西金融资产管理公司做强不良资产处置主业，力争成为全国领先的地方资产管理公司。加快筹建陕西第二家地方资产管理公司。支持陕西金融资产管理公司、省信用再担保公司、省农业信贷融资担保公司增强资本实力。坚持服务实体经济导向，支持小额贷款公司、融资担保公司、融资租赁公司、商业保理公司、典当行等地方金融组织规范健康发展。

（4）探索开展地方金融组织信用评级，逐步实施分类监管。推动组建商业保理公司协会，强化对地方金融组织行业协会的指导与管理，充分发挥行业协会自律、维权、协调、服务作用。同时，大力发展私募股权投资基金、风险投资基金和产业投资基金。推动整合政府设立的各类引导基金，积极对接 PPP 基金、国家中小企业发展基金，吸引各类社会资本参与子基金，探索“基金招商”模式。支持组建“硬科技”投资联盟，建立一站式、一体化的股权投资服务体系，完善落实股权投资在陕西注册发展的各项配套政策，同时推动开展境内外股权投资机构的国际合作。

11.6 加强金融监管协调，提升金融监管效能

金融安全与金融发展互为条件，辩证统一。金融开放发展的机会与风险并存，必须注重防范金融风险，维护金融安全。在金融开放进程中，监管能力必须不断提高与之匹配。若金融市场和业务不断发展，而监管者停滞不前，很有可能出现过度创新、风险泛滥，这是历次金融危机的教训。随着金融全球化的发展，资本流动增多、市场联动增强，金融风险的传染性和破坏性也在加大，需要更高水平的监管和国际层面的监管合作。

首先，不能过分依靠市场自发调节作用，金融主体的有限理性导致了金融体系的脆弱性，依靠市场的自发调节很可能会走向以金融危机这种破坏性方式清理市场。监管沟通协调机制要完善，明确责任、相互配合，以“宏观审慎＋微观监管”为框架，运用洗钱风险监测管理平台并落实“雷霆反电诈”攻坚战（云剑行动）工作方案，不断提升监管能力、完善监管体制。

其次，要防范跨境资本流动性风险，运用价格型经济手段调节资本流动，规范市场秩序及合理价格机制，逐步开放金融市场。可通过举办跨境金融交易案例等大赛，将跨境金融业务办理中的风险防范要点通过外汇资财、本外币结算、内保外债等实务演练进行了解和掌握，提升跨境资本业务的风险防控能力。针对外资金融机构设立预警机制，及时化解问题，加强逆周期管理，市场内生动力存在顺周期性，容易加剧金融动荡，在宏观管理中引入周期参数，有利于抑制顺周期因素，增强金融运行稳定性。紧扣具体业务特点和风险特征强化事中与事后监管，建立健全陕西金融创新业务反洗钱、反恐怖融资、反逃税的监管机制。

再次，加强监管合作，建立国际监管合作体系。目前的监管体制滞后于金融全球化的发展，根据合成谬误理论，即使每个国家的监管有效，也不代表全球金融市场监管的有效。应改革国际监管合作机

制，建立统一的监管标准和信息交换机制，加强对跨境资本流动和金融活动的监测和掌握，在更高层面上实现有效监管。此外，必须注意的是，加强监管并不意味着抑制市场，仍然要加强市场在资源配置中的决定性作用，把防范风险和鼓励创新结合起来，注重监管手段的市场化转型，重监测重预警，重视透明度建设，充分发挥行业自律作用。

最后，按照党中央、国务院机构改革方案，人民银行承担国务院金融稳定发展委员会办公室职责。同时，为落实好国务院金融稳定发展委员会办公室职责，加强中央与地方的金融监管协调，发挥中央与地方的监管合力，地方层面将推动建立两个机制：国务院金融稳定发展委员会办公室地方金融监管协调机制、地方金融监管和风险处置协调机制。人民银行西安分行将按照总行的部署和要求，加强与地方政府的沟通和协调，稳步推动两个机制在陕设立；完善机制的组织架构，明确权责边界，加强中央金融管理部门在陕派驻机构与地方政府、地方金融监管局之间的监管协调，形成金融监管信息共享，对区域金融风险加强研判会商，落实落细地方金融监管和风险处置责任，维护区域金融稳定。

12

对外开放新格局下陕西金融业改革与开放发展的对策

12.1 加强政府政策引导和支持，稳步推进地方金融改革

当前我国金融业对外开放呈现有序稳步推进的发展态势，陕西必须与时俱进，全面深化金融改革。紧紧抓住国家加大对实体经济支持力度的金融政策导向，全力争取、全面对接，各金融机构精准发力，采取多项措施助力企业改革重生，银企合作实现新发展，金融支持取得新突破。

首先，在政府管理方面，以党的二十大精神为指导，全面优化提升营商环境的决策部署，以深化商事制度改革为切入点，加快转变政府职能，改革创新政府管理模式。推进政府管理由侧重事前审批转向兼顾事中、事后监管，打造“事前诚信承诺、事中评估分类、事后联动奖惩”的全链条信用监管模式，形成“政府监管+市场监督”的双重监管体系，为陕西自贸区金融创新开放提供基本保障。针对陕西金融体系存在的体制机制性矛盾，要充分考虑金融业是一个完整生态，在中央地方“一盘棋”的统筹布局下，以推进金融供给侧结构性改革为主线，解决地方金融体系存在的结构不合理、期限错配等失衡问题，促进经济金融良性循环。

其次，在宏观经济调控方面，打造“宏观判趋势+中观找渠道+微观查案例”三位一体的调研分析体系。加强“接地气”调研与“数据链”监测结合，提升跨境金融分析专业性。密切跟踪研判

国内外宏观经济形势和外部环境变化，准确把握政策出台背景和意图。找准定位和着力点，把形势研判转化为推进工作的措施，将工作措施转化为金融产品和服务机制，不断提升调研的前瞻性、专业性、精准性和有效性。时刻关注党中央、国务院在强调什么，总行、总局在关心什么，以增强对发展大势的审视和研究。要围绕大国政治博弈、“双循环”发展新格局、金融市场对外开放等对外汇管理的深远影响，并开展外汇领域法律域外适用等的前瞻性研究，并提出应对策略和建议。

再次，在金融风险监测方面，统筹“汇、银、企”立体式调研网格，形成相对固定的企业样本库。积极营造“敢说话、说真话、说实话”的氛围。优化跨境资金流动风险评估会商机制，聘请金融专家共同研判跨境资金流动风险状况和变化趋势。制定并完善陕西跨境金融研究分析报告框架体系，构建“总量 + 结构 + 问题 + 趋势 + 专题”的研究模式。防范化解风险是金融工作的永恒主题。有效防控金融风险，需要中央金融管理部门制定统一监管规则并加强持牌金融机构监管，地方政府履行好地方类金融机构监管，各自落实好风险责任。同时，加强跨市场、跨区域、跨行业的协调合作，形成金融监管合力。

最后，在金融服务实体方面，服务实体经济是金融的天职。服务好实体经济，既需要中央金融管理部门有效实施宏观调控，加强金融监管，指导和督促金融机构回归本源、专注主业，切实服务实体经济发展，也需要地方政府结合区域特点，更好地发挥政府在税收、融资担保和金融风险监测与防控等方面的职能，疏通区域阻滞，拓宽传导通道，优化金融资源组合与配置，提升金融服务地方实体经济的效能。在陕西省政府、各金融组织等的引领和政策支持下，创新金融产品与服务类型，突出各市（区）金融发展特色，强化普惠金融、绿色金融、能源金融、农业金融等在服务实体经济中的作用。

12.2 促进贸易投资便利化改革，优化国际国内营商环境

金融创新开放离不开良好的营商环境支持，为此，需要在遵照国际通行规则的基础上融入陕西本土实际，从金融最为根本的资金数量和资金价格两个关键点出发，在土地、资金、人才、税收等方面打造规范、合理、透明、优惠的营商环境。

首先，围绕贯彻落实《国家外汇管理局优化营商环境实施细则》，全面启动营商环境优化提升工程。一是全面开展扩面增量提质行动。扩大贸易收支便利化、“长安号”企业外债便利化额度、对外承包工程企业国内外汇贷款结汇等试点政策范围和成效。支持鼓励陕西省内银行、企业等加入试点，扩大办理金额。二是深入开展管理方式优化增效行动。积极转变货物贸易外汇管理理念，突出“交易真实合规”本质；探索服务贸易分类管理，进一步完善真实性审核；持续优化个人外汇管理，增加个人便利化政策供给。将“稳外贸稳外资”政策落实和个人外汇业务便利化情况纳入陕西省贸易投资便利化评估指标体系，打造贸易投资便利化评估“陕西模式”。三是依据《陕西省提升企业跨境贸易和投资便利化行动方案》，以陕西自贸试验区建设为契机，以提升贸易投资便利化水平为目的，加快转变政府职能，着力打造稳定、公平、透明，可预期的法治化、国际化、便利化营商环境，助力陕西开放型经济发展，建设内陆改革开放新高地。

其次，畅通外汇便利化政策传导机制。根据国务院《关于推进自由贸易试验区贸易投资便利化改革创新的若干措施》的要求，通过释放新型贸易方式潜力、推进开放通道建设、加快推进多式联运“一单制”等措施，为外向型经济发展、促进贸易便利化等领域“松绑”。陕西自贸区继续深入开展制度改革与创新、对标国际先进经贸规则，推进“便利管理主体向便利市场主体”转变，提升贸易投资自由化水平，为构建开放型经济体制积累有益经验。努力让陕西省外汇业务办

理像“网购”一样方便快捷，让各项便利化政策措施像“快递”一样精准直达。建立尽职免责规则，避免展业边界不清和层层加码，着力解决“不放心、不会做”等问题。建立客户外汇业务档案和异常信息监测预警机制，推动“银行越合规、审核越自主”“企业越诚信、手续越便利”。在国际营商环境的优化和提升中发挥陕西自贸区的示范和引领作用，深化改革创新，形成有影响、可复制、可推广的陕西“最佳实践案例”，加快农业技术方面的国际交流和培训，以农业技术示范基地建设推进陕西农业相关技术成果的实际运用，打造“一带一路”国际商事法律服务示范区，促进金融服务产业集聚发展。

再次，加大科技赋能、数字赋能建设力度。在数字金融综合服务平台建设推动下，打造“班列+数字金融”模式，发挥“一站式数据共享”功能，加快中欧班列“长安号”实现“四流合一”（货物流、贸易流、信息流、资金流）建设目标。做大做强跨境金融区块链服务平台数字化建设及其使用场景，争取出口信保融资和资本项目收入支付便利化两个应用场景早日落地。依托陕西自贸区的优势平台，根据丝路金融中心需要建设创新型、开放型的国际金融市场，使之服务于“一带一路”沿线国家的商品贸易、经济投资等多元化领域。着力将陕西自贸区打造成为全国乃至全球知名度较高、竞争力较强、有影响力的国际金融市场体系。

最后，做好陕西自贸区经济金融运行的动态监测，实现金融风险前瞻预判的有效控制。相关部门需树立风险防范的底线思维，根据陕西自贸区建设管理的总体框架、金融市场运行的现实变化以及省际经济发展的周期性规律，即时动态监测自贸区的运行实况和风险隐患，发挥政府调控的主动性、前瞻性作用。“一带一路”横跨亚洲、欧洲、非洲等多个区域，各国在宏观政策、经济发展、金融体系、投资环境等方面存在差异，需要通过金融服务跨区域对接，对政策风险、市场风险、交易对手风险、汇率风险等进行专业化管理。

12.3 推动跨境人民币业务发展，提升金融对外服务能力

正确认识扩大人民币国际使用的战略意义，走出认识误区，保持战略定力，遵循货币国际化规律，尊重企业自主选择，努力营造以人民币自由使用为基础的新型互利合作关系。

首先，持续推进人民币跨境使用机制创新。积极响应“一带一路”倡议，抢抓国际贸易人民币结算市场机遇，加强“通丝路”平台技术升级，以前瞻视野和技术创新，加快驶入人民币跨境支付“快通道”；同时，建设跨境电商服务体系，进一步发挥数字人民币在跨境支付中的结算功能，扩大人民币跨境支付规模。创新优化政策解读方式，提升政策宣传推介的精准性和有效性。建立跨境人民币优质企业名单入围标准，实施动态化管理。建立人民币国际使用通报制度和监管约谈制度，推动人民币国际化从政策驱动向政策和制度双轮驱动转变。完善人民币国际化考核评价指标，更好地发挥考核激励作用。同时，研究制定《陕西省金融系统跨境金融创新工作指引》，按照“线上线下立体联动、本币外币相互拉动、境内境外一体推动”的思路开展跨境金融创新。

其次，加大人民币跨境使用推介力度。在重点区域、重点企业和大宗商品采购中，大力推动人民币跨境使用。加强与商务厅、发展改革委等政府部门的沟通，力促全省贸易和直接投资等实体经济领域使用人民币。抢抓 RCEP 生效带来的新机遇，采取“一对一”辅导方式，打造全省人民币国际使用新增长点。紧盯央企国企、对外承包工程企业、“专精特新”等重点企业人民币跨境使用情况，力争使其成为推动人民币国际化的“主力军”。加大对大宗商品采购跨境人民币计价结算工作推动力度，力争实现新突破。

最后，创新人民币国际化产品与服务。争取更多国家和地区加入“一带一路”建设，推动伦敦人民币离岸金融中心成为覆盖“一带一

路”乃至全球的人民币支付平台；扩大中东欧国家的经贸投资，完善我国优势产业在欧洲地区的布局，扩大人民币的使用范围，奠定人民币贸易使用基础、政策框架和节点布局。研发“中欧班列贷”“运单融资”等具备组合化、结构化、个性化的跨境金融产品，设立跨境人民币优质企业“白名单”。为企业提供“一揽子”涉外金融服务；做好自贸区内资本项目收入结汇支付便利化等试点工作，扩大试点成效，提高外汇资金使用效率；按照“本币优先”原则落实好跨境人民币政策，扩大人民币在跨境贸易和投资中的使用。积极推动人民币在“走出去”重大项目中的运用，拓宽海外人民币运营和投资渠道，鼓励在沿线国家、地区使用筹措的人民币资金。同时，拓展区内小币种交易业务，降低汇率风险和交易成本；稳步增加可报价货币数量，实现对“一带一路”重点区域的覆盖；积极开展小币种的现钞、现汇结售汇业务，拓展远期结售汇报价业务。

12.4 加强数字金融改革与创新，提升金融机构国际水平

金融科技是技术驱动的金融创新，其利用人工智能、大数据、云计算、物联网等科技手段创新金融产品、改变经营方式和优化业务流程。金融开放意味着金融资本在国家之间频繁自由地流动，与此同时，套汇、投机、洗钱等随之产生，汇率风险、流动性风险、信用风险等也蕴藏其中。金融科技的出现将在金融业务领域发挥多元化服务功能，如风险防控和监督、授信、服务效率、优化客户体验及数字金融等。

首先，构建科创金融组织体系。创新金融机构内部管理机制与业务流程，提供债权与股权相结合的多种融资服务，实现信息共享和风险收益分担。鼓励有条件的银行设立科创金融事业部、专业支行等，并给予资源配置、授信审批、考核评价、激励约束等方面的政策倾斜。引导与鼓励有条件的保险公司设立科创专营机构，支持设立和发

展服务于科创企业的融资担保公司、金融租赁公司等。

其次，培育科创金融市场体系。完善投贷联动机制设计，拓宽商业银行参与股权投资渠道。培育科技保险市场，鼓励保险机构聚焦初创期的科创企业，研发符合科创企业特点的专项保险产品。探索多元融资合作发展模式，在有效防范风险的前提下，支持银行业金融机构与创业投资、证券、保险、信托、担保等机构合作，稳步扩大科创企业的银保联动贷款、选择权贷款、直投业务等规模。

再次，优化科创金融的发展环境。积极支持技术转移、科创咨询、技术评估、知识产权服务等中介机构发展。加快建设区域性科创成果交易平台、知识产权流转平台等，打造良好的科创金融生态环境。搭建科创金融数字平台，建立集多种功能于一体的金融科创信息数据库，降低科创成本，提高科创效率，最终提高科创金融的综合服务水平和能力。

最后，扩大金融科技在金融监管中的运用，实现对资金流动的实时监控，做好金融风险监测和预警。同时，加强金融基础设施建设中的科技运用，创建跨境支付的数字化结算体系，促进金融业改革与开放，提升金融服务经济开放发展的效率。积极落实中国人民银行印发的《金融科技发展规划（2022—2025 年）》，健全科技创新成果转化机制和金融科技伦理规范体系，扩大科技金融在陕西开放发展中的应用，推动数据有序共享与综合应用，扎实做好金融科技人才培养，强化数字化监管能力建设，构建互促共进的数字生态，有力提升金融服务质效。结合陕西省内高新区建设形成可操作经验，按照陕西省自贸区支持战略科技产业发展的迫切要求，激发市场活力。把握“大数据”和“人工智能”的利好契机，在自贸区内部开展科技金融改革，聚焦市场主体加快推动科技和金融结合的试点工作，加快建设符合国家发展需要的科技金融创新中心。以投贷联动试点为抓手，建立适应投贷联动的信贷管理机制，满足不同发展阶段科技企业的融资需求。积极开展知识产权质押贷款、股权质押等信贷业务，引导科技型企业通过股权、债券等开展直接融资，加大企业在资本市场特别是科创板的融资力度。

12.5 推动金融机构海外拓展，支持陕西金融高质量发展

首先，提升金融机构境内外金融服务能力。一是鼓励和支持银行类金融机构发展跨境金融和外汇业务，增强银行机构金融业务的开放性、提高服务水平，并发挥金融机构招商优势，制定和出台有吸引力的政策条件，引导境内外各类金融机构入驻陕西，推动尽快设立一家合资证券公司。二是支持地方证券、保险、信托机构做大做强，支持地方金融机构开办外汇自营业务、离岸金融业务，设立境外子公司、QDII 等外向型金融牌照和业务资质。三是多方联合培育和发展法律、会计、资产评估、保险代理、信用评级及金融服务外包机构等专业化金融中介服务机构，提高金融专业化服务能力。

其次，加强金融机构的国际合作。陕西省内及陕西地方金融机构扩大与政策性金融、商业性金融之间的合作，充分发挥各自在网点覆盖、市场熟悉程度、资金来源、金融技术等方面的比较优势。针对海外金融需求特点，以传统业务为基础，积极开展金融产品及服务模式创新，提升全方位服务能力。同时，加大对海外重要战略支点地区的网点布局，充分发挥已有机构的业务辐射功能，提升全面覆盖能力；在重点区域积极整合网点资源，提升服务效能。为破解中小企业金融服务的全球性难题，鼓励金融机构创新推出跨境撮合服务，以“一带一路”沿线国家为重点举办跨境撮合活动，扩大合作领域及范围，增加实质性合作。

最后，构建跨境金融服务体系。一是在中欧班列“长安号”数字金融综合服务平台二期建设的引领下，加快金融机构科技创新，提升金融数字化服务水平，为“走出去”企业提供高质量数字化跨境金融服务。二是以陕西资本市场服务中心的设立为契机，充分利用国际国

内两个市场，助推陕西省内优质企业境外上市融资，在扩大资金支持陕西省企业“走出去”发展的同时提升金融机构跨境服务能力。三是通过与国际金融机构合作，吸引境外金融机构、境内外投资者投入陕西市场，共同促进陕西经济高质量发展。

12.6 注重金融风险防范治理，建设开放型金融监管体制

首先，提高风险防范意识，做好风险动态监测。树立风险防范的底线思维，根据陕西建设管理的总体框架、金融市场运行的现实变化以及省际经济发展的周期性规律，即时动态监测自贸区的运行实况和风险隐患，发挥政府调控的主动性、前瞻性作用。面对对外开放规模不断扩大的金融业，防范资本开放潜在风险，需要做好陕西经济金融运行的动态监测，实现金融风险前瞻预判的有效控制。具体来讲，要遵循“事前预防、事中监测、事后问责”的监管思路，合理借鉴国际先进经验，基于适用性、实用性和可行性原则预选监测指标、提炼细化指标、合成测度指数、模拟实践效果。

其次，科学评估测度风险，构建风险预警系统。结合省内金融贸易实践和自贸区开放实际，构建包含省际经贸层面、多元市场层面、微观主体层面的实时监测框架和多维度风险测度系统。根据金融机构、实体企业等不同市场主体的表现，全面、客观地评估陕西发展步调的适当性和合理性，及时升级风险防控手段，为金融创新开放管理的主动性调控、前瞻性优化奠定基础。在此基础上，择时建立陕西金融监管信息共享与综合监测预警平台，为金融稳定下的经济健康发展保驾护航，以期改变过去金融监管部门各自为政与数据孤岛的弊端，实现信息共享，提高数据利用效率和整体风险防范效果。

最后，强化监管统筹协调，保障监管精准有效。一是完善跨境资本流动监测、预警和响应机制。强化重点领域风险监测，以大概率思维应对小概率事件。提升非现场检查智能平台上线后的线索发现能

力。加强对机器学习、图数据分析等技术的学习应用。积极拓展检查数据来源，重点关注大额高频现钞提取、账户资金即进即出、公司账户之间资金大额划转等异常可疑行为。二是扩大数字科技在金融监管中的运用，打造数字化监管体系，实现金融精准监管。全链条打击非法金融活动，持续推动跨部门合作，探索与公安不同警种之间建立合作办案机制。加强与税务局、市场监管局等部门的合作，提高线索联合研判能力。完善与征信、反洗钱、支付等部门的信息交换共享，建立分类打击处置机制。集中优势抓关键，包括关键地域、关键行业、关键环节，并实施违规重点打击。严厉打击涉赌、涉税、涉币、骗补型钱庄等违法犯罪行为，开展“以案倒查”专项行动，从严查处为非法金融活动提供服务的单位和个人。另外，还要加强惩治金融领域腐败行为。金融监管实施部门要杜绝腐败，优化内部治理机制，激发金融机构实施监管活力，提升金融风险防范能力。

12.7 坚持金融绿色发展理念，构建现代化绿色金融体系

首先，积极践行绿色发展理念。坚决落实绿色金融政策要求，着力推动绿色金融发展。逐步建立绿色金融组织体系，健全绿色化的制度框架，加大绿色金融产品与服务创新，支持低碳生产与绿色发展，推动西安市创建国家绿色金融改革创新试验区。

其次，建设绿色金融体系。积极引导自贸区内微观主体开发创新绿色金融产品，及时追踪“碳租赁、碳基金、碳债券”等前沿概念，推动绿色金融发展，充分发挥金融市场支持绿色融资的功能。与此同时，培育第三方机构的绿色评级能力，引导资本合理、有效地投向绿色金融领域，发挥陕西自贸区绿色发展的示范作用。

再次，建立绿色金融激励机制。地方政府要将发展绿色金融提升到地方发展的战略高度，建立完善相关制度安排，出台对绿色金融的鼓励性措施，降低绿色融资成本，分担绿色金融风险，补偿绿色经济

的正外部性。通过一系列财政贴息制度和风险补偿等措施，鼓励企业加大绿色领域投资，支撑绿色产业发展。

最后，提升绿色金融服务能力。推动绿色金融改革创新，继续用好再贷款、再贴现等政策工具，引导金融机构优化信贷结构。以绿色贷款专项统计和绿色信贷业绩评价为抓手，引导金融机构加强绿色信贷能力建设。积极支持西安绿色金融改革创新试验区申报工作。积极设立金融机构绿色金融事业部或绿色支行，搭建绿色金融制度框架，制定绿色投融资决策、环境风险管理制度、绿色信贷管理流程、考核评价等一系列制度性安排。积极运用绿色金融产品与服务，加大对绿色产业的融资支持，助力打好污染防治攻坚战。

12.8 重视高端金融人才队伍建设，充实金融开放专家库

人才对社会经济发展具有基础性、先导性、战略性的作用，金融开放创新离不开高质量人才，打造高层次金融人才集聚发展新高地是扩大金融服务业对外开放发展的有力保障。随着区块链、人工智能等技术的快速发展以及在金融领域的应用，金融业态、监管机制等正深刻重塑，亟须引入相关技术及人才，以顺应趋势的发展及应对随之而来的技术风险、合规风险等新挑战。

首先，创新人才培育机制。由中国人民银行西安分行牵头，依据金融业相关金融机构从业准入资格教育体系和科学的金融知识教材，增强金融消费者保护相关知识的培训，提升金融从业人员对金融消费者的保护意识和专业管理能力。依据陕西省金融开放发展对人才需求的特点，制订人才培养专项计划，培养和提高现有人才的金融服务能力。发挥陕西省自律机制作用，组织各成员行开展跨境金融政策宣传与操作实务培训，增加培训场次和人次，为陕西金融人才队伍建设营造良好的氛围并创造更多机遇。

其次，加大人才引进力度。给予金融人才相应的个税奖励和住房

补助，在金融人才居住、通行及子女就学等方面提供支持服务，吸引高端金融人才服务陕西。以“西安市人才高峰论坛”的举办为契机，以“数字化时代下金融科技人才培养”“西安‘追赶超越’需要什么样的金融人才”等主题，大力宣传陕西营商环境和金融生态优势，吸引国内外各类金融人才入住陕西，构筑内陆金融人才开放合作新高地，为陕西省金融高质量人才队伍建设提供坚实有力的保障和支撑。

最后，优化人才管理制度。一是制定科学合理的人才考核制度，分岗位分级分类设计多维考核指标，创新多种评价方式，实现金融人才科学量化评价；二是优化人才激励模式，鼓励各类金融机构对所有员工实施相同的激励方式，设立相应职位并打通晋升通道，持续激励金融科技人才；三是做好人才队伍优化。以提升金融对外服务水平和能力为核心，建立科学有效的内部竞争机制，加强金融人才储备，优化人才队伍结构，建立人才队伍保障体系。

13

结论与展望

改革开放是金融现代化的必由之路，也是我国对外开放格局的重要组成部分。进一步推动金融对外开放是我国根据自身发展需要作出的主动选择，也是决定实现“两个一百年”奋斗目标、实现中华民族伟大复兴的关键。直面当前纷繁复杂的国际国内形势，我国改革的步伐不会停滞，开放的大门只会越开越大。金融开放既是我国金融业发展的需要，也是深化金融供给侧结构性改革、实现经济高质量发展的内在要求。近现代世界金融发展史证明，开放是激发金融市场活力的源泉，也是金融发展壮大的重要力量。

中华人民共和国成立 70 多年来，陕西经济社会发生了翻天覆地的变化，作为经济核心的金融业取得了飞速发展，金融服务实体经济的能力显著提升，为陕西经济实现跨越式发展注入了源源不断的动力。近年来，陕西深入学习贯彻习近平总书记来陕考察时的重要讲话精神，紧抓深度融入共建“一带一路”黄金机遇期，坚持以新发展理念推动高质量发展。当前，陕西金融业改革与开放取得了一些成绩，包括陕西金融业综合实力不断加强、地方金融改革进程有序推进。金融对外开放程度持续扩大、金融服务实体经济力度逐渐加大、金融中心建设成效基本显现等，为进一步提升陕西金融服务的竞争力、助推陕西金融机构参与全球经济治理打下了坚实的基础；分步骤、有序地对外开放，可以增强金融机构活力，拓展陕西金融服务实体经济的深度和广度，为“一带一路”行稳致远和推动陕西金融业以更高水平促进国内国际双循环发展奠定基础。

但与此同时，陕西金融业改革与开放发展仍面临着外部和内部的双重挑战。从外部来看，复杂严峻的全球政治经济局势暗藏的与金融外汇领域相关的风险巨大，成为金融开放面临的最大挑战和威胁；从内部来看，陕西自身对外经济竞争力相较我国其他发达省份而言仍较弱，基于经济发展与金融发展的相互促进关系，这将给陕西金融业改革与开放发展带来诸多限制和障碍。鉴于此，陕西金融业的改革与开放发展应借鉴国内外成功经验，并结合陕西经济金融实际，凝练成具有较强适用性和实际可行性的陕西方案，构建陕西金融业改革与开放发展的具体路径并提出相应对策，路径包括统筹各类金融资源、对接国家发展战略、深化金融供给侧结构性改革、完善金融基础设施、优化金融市场体系、加强金融监管协调。对策建议包括加强政府政策引导和支持、促进贸易投资便利化改革、推动跨境人民币业务发展、加强数字金融改革与创新、推动金融机构海外拓展、注重金融风险防范治理、坚持金融绿色发展理念、重视高端金融人才队伍建设。

不拒众流，方为江海。未来，陕西将迈向更广范围、更高水平的金融业开放，一方面要苦练内功，进一步深化金融业改革，提高陕西金融业整体竞争力，夯实陕西金融市场平稳健康发展的基础；另一方面要完善风险防控体系，使监管能力和开放水平相适应，在不发生系统性金融风险的前提下进一步扩大开放。通过深化改革扩大开放，优化金融生态，以开放促改革、促发展，全力服务和融入新发展格局，真正提高陕西金融业综合竞争力，提升陕西金融服务实体经济的能力和水平，推动陕西金融业高质量发展，为构建陕西开放发展新高地提供强劲动能。

参考文献

[1]Badar Nadeem Ashraf, Ningyu Qian, Yinjie Shen(Victor). The impact of trade and financial openness on bank loan pricing: Evidence from emerging economies[J]. Emerging Markets Review, 2021, 47(6).

[2]Cerdeiro D A, Komaromi A. Financial openness and capital inflows to emerging markets: In search of robust evidence[J]. International Review of Economics and finance, 2021, 72(5): 444 – 458.

[3]Davide Furceri, Prakash Loungani. The distributional effects of capital account liberalization[J]. Journal of Development Economics, 2018, 130(1): 127 – 144.

[4]Haehean Park, Po – Sang Lee, Yun W. Park. Information asymmetry and the effect of financial openness on firm growth and wage in emerging markets[J]. International Review of Economics and Finance, 2020, 69(91): 901 – 916.

[5]Haoyuan Ding, Yuying Jin, Kees G Koedijk, et al. Valuation effect of capital account liberalization: Evidence from the Chinese stock market[J]. Journal of International Money and Finance, 2020, 107(10): 102208.

[6]Keith E Maskus, Rebecca Neumann, Tobias Seidel. How national and international financial development affect industrial R&D[J]. European Economic Review, 2012, 56(1): 72 – 83.

[7]Luc Laeven, Ross Levine, Stelios Michalopoulos. Financial innovation and endogenous growth[J]. Journal of Financial Intermediation, 2015, 24(1): 1 – 24.

[8]Ma Y, Chen D. Openness, rural - urban inequality, and happiness in China[J]. Economic Systems, 2020, 44(4).

[9]Niannian Ni, Yulin Liu. Financial liberalization and income inequality: A meta - analysis based on cross - country studies[J]. China Economic Review, 2019, 56(8): 101306.

[10]Nicolas Coeurdacier, Helene Rey, Pablo Winant. Financial integration and growth in a risky world[J]. Journal of Monetary Economics, 2020, 112(6): 1 - 21.

[11]Priyaranjan Jha, Giray Gozgor. Globalization and taxation: Theory and evidence[J]. European Journal of Political Economy, 2019, 59(9): 296 - 315.

[12]Saktinil Roy, Ddvid M Kemme. The run - up to the global financial crisis: A longer historical view of financial liberalization, capital inflows, and asset bubbles[J]. International Review of Financial Analysis, 2020, 69(5).

[13]白鹤祥. 金融支持陕西丝绸之路经济带建设的思考[J]. 西部金融, 2017(8).

[14]白宽犁, 古孟宾. 丝绸之路经济带发展报告(2019)[M]. 北京: 社会科学文献出版社, 2019.

[15]曹远征. 大国模型下的金融开放及主权货币国际化的思考[J]. 国际经济评论, 2021(1): 5, 76 - 86.

[16]陈鸿祥. 中国金融开放的现实逻辑与演进安排[J]. 华北金融, 2020(7): 57 - 67.

[17]陈靖, 徐建国, 曾振灏. 金融开放的次序[J]. 中国金融, 2019(10): 70 - 71.

[18]陈若愚. 金融开放与人民币国际化: 基于新兴市场国家的实证分析[J]. 贵州社会科学, 2020(6): 137 - 145.

[19]陈卫东. 全面评估中国金融业开放: "引进来"和"走出去"[J]. 新视野, 2019(1): 56 - 62.

[20]陈卫峰. "一带一路"倡议下中国自由贸易试验区制度创新: 以陕西自贸区为例[J]. 开发研究, 2021(1): 38 - 45.

[21]陈雨露,罗煜．金融开放与经济增长:一个述评[J]．管理世界,2007(4):138－147.

[22]陈雨露．大金融框架下的金融发展[J]．中国金融,2014(19):71－73.

[23]陈雨露．大金融论纲[M]．北京:中国人民大学出版社,2013.

[24]陈雨露．深化金融改革开放　推动形成“双循环”新发展格局[EB/OL]．[2020－12－08][2022－08－01]．http://www.pbc.gov.cn/redianzhuanti/118742/4142474/4143017/4145203/index.html.

[25]崔亚男．资本账户开放对人民币国际化的影响研究[D]．兰州:兰州大学,2021.

[26]董志勇,李成明,吴景峰．我国金融对外开放历程及其战略取向[J]．改革,2018(9):15－26.

[27]鄂志寰,刘雅莹．新一轮中国金融开放的特点及前景[J]．金融博览,2019(7):50－51.

[28]费方域,许永国．开放银行是上海金融科技中心建设的关键[J]．新金融,2019(6):19－24.

[29]高洪民．人民币跨境经济与金融循环研究[M]．上海:上海社会科学院出版社,2017.

[30]高晰．金融发展对产业结构升级影响的实证研究[D]．保定:河北大学,2021.

[31]耿爱玲．陕西金融改革开放20年[J]．西安金融,1998(7):36,38－39.

[32]郭威,司孟慧．新中国70年金融开放的逻辑机理与经验启示:兼论中美贸易摩擦下的开放取向[J]．世界经济研究,2019(10):15－26.

[33]韩孺眉．区域金融创新、科技创新与经济增长[D]．沈阳:辽宁大学,2018.

[34]黄玲．金融开放的多角度透视[J]．经济学(季刊),2007,6(2):66－87.

[35]黄玲．中国金融开放进程的实证评析:1980—2009[J]．世界经济

研究,2011(4):3－9,87.

［36］贾根良,何增平. 金融开放与发展中国家的金融困局［J］. 马克思主义研究,2019(5):66－77.

［37］蒋业宏. 我国金融开放、金融创新与金融风险之间的相互传导影响机制研究［J］. 新疆社会科学,2020(5):30－38,170－171.

［38］李虹含."一带一路"与银行走出去［J］. 中国金融,2016(22):46－47.

［39］李鸿书. 中国的金融开放及其对宏观经济波动的影响分析［D］. 长春:吉林大学,2020.

［40］李平女."双循环"格局下陕西金融开放发展的现状及制约因素研究［J］. 当代经济,2021(6):46－49.

［41］李青,许燕,娇强力."丝路经济带"九省市经济金融竞争力评价［J］. 当代金融研究,2018(1):96－106.

［42］李文乐. 中国(陕西)自贸区金融创新开放的供求逻辑思考［J］. 长安大学学报(社会科学版),2020,22(5):11－19.

［43］李学武,钱皓,杨瑾,等. 新一轮对外开放扩大背景下金融支持中国(陕西)自贸区建设研究［J］. 西部金融,2019(2):4－12.

［44］李学武. 坚持金融外汇为民　建设内陆开放高地:金融外汇支持陕西涉外经济高质量发展的调查与思考［J］. 西部金融,2020(2):4－8.

［45］李颖科. 陕西省社科界第十一届 2017 学术年汇优秀论文集［M］. 西安:西北大学出版社,2018. 10.

［46］李映瑛. 金融开放对中国居民消费影响的研究［D］. 太原:山西大学,2021.

［47］林明枝. 金融开放度及其社会福利效应的研究［D］. 福州:福州大学,2015.

［48］林桑逵. 对外开放度对经济韧性的影响［D］. 上海:上海外国语大学,2021.

［49］刘非,郑联盛. 我国金融高水平开放问题研究［J］. 理论探索,2021(3):84－92.

[50]刘贵生. 陕西金融60年:发展、改革、壮大的历史轨迹[J]. 西部金融,2009(10):5-13.

[51]刘景瑞. 河南省开放型经济发展的金融支持研究[D]. 郑州:河南财经政法大学,2021.

[52]刘诗白. 改革开放的理论与实践[M]. 成都:四川人民出版社,2018.

[53]路小凤. 中国资本账户开放对人民币国际化的影响研究[D]. 石河子:石河子大学,2020.

[54]罗莉. 陕西金融发展状况分析:1999—2008年[J]. 西安邮电学院学报,2009,14(6):83-86,90.

[55]罗美娟,何晓夏. 中国不发达地区金融发展研究[M]. 昆明:云南大学出版社,2010.

[56]罗素梅. 自贸区金融开放下资本流动的动因和机制研究[J]. 北京工商大学学报(社会科学版),2015,30(5):75-81.

[57]马洁. 基于金融发展视角的金融开放经济增长效应研究[D]. 青岛:青岛科技大学,2020.

[58]马津润. 共享金融的伦理反思[D]. 上海:上海财经大学,2020.

[59]马微. 金融结构对产业结构升级的影响效应研究[D]. 西安:西北大学,2019.

[60]马小涵,郭文伟. 金融开放测度研究述评[J]. 科技创业月刊,2022,35(4):158-162.

[61]毛盛志,张一林. 金融发展、产业升级与跨越中等收入陷阱:基于新结构经济学的视角[J]. 金融研究,2020(12):1-19.

[62]欧阳青东. 全球化视域下新中国70年金融制度变迁与金融开放发展[J]. 湖南师范大学社会科学学报,2019,48(5):27-34.

[63]潘锡泉. 金融发展与贸易开放关系再评估:基于金砖国家的考察[J]. 世界经济研究,2016(9):60-72,136.

[64]逄淑梅,陈浪南. 金融开放对我国区域经济增长非对称性影响的时变分析[J]. 管理工程学报,2019,33(4):104-112.

[65]任保平,朱晓萌．新时代中国高质量开放的测度及其路径研究[J]．统计与信息论坛,2020,35(9):26-33.

[66]任再萍,黄成,施楠．上海自贸区金融创新与开放对经济增长贡献研究:基于金融业政策效应视角[J]．中国软科学,2020(9):184-192.

[67]沈铭辉,张中元．"一带一路"融资机制的实践探索与创新[J]．新视野,2018(5):27-34.

[68]沈悦,杨丹丹．中国金融开放的路径选择:基于非线性的实证研究[J]．经济问题探索,2019(2):102-108.

[69]史恩义,王娜．金融发展、产业转移与中西部产业升级[J]．南开经济研究,2018(6):3-19.

[70]苏岚岚．金融素养、农地产权交易与农民创业决策研究[D]．咸阳:西北农林科技大学,2019.

[71]谭小芬,梁雅慧．中国金融开放新阶段的潜在风险及其防范[J]．新视野,2019(1):63-69.

[72]王爱俭,方云龙,王璟怡．金融开放40年:进程、成就与中国经验[J]．现代财经(天津财经大学学报),2019,39(3):3-15.

[73]王博文．全球化背景下金融监管国际合作研究[D]．长春:吉林大学,2019.

[74]王方宏．海南自贸港金融开放展望[J]．中国金融,2020(12):55-57.

[75]王洪章．"一带一路"战略中的银行机遇[J]．中国金融,2016(5):9-12.

[76]王佳楣．陕西农村金融市场开放、效率及其影响机制研究[D]．咸阳:西北农林科技大学,2015.

[77]王思宇．金融发展、资本账户开放与经济增长[D]．北京:中央财经大学,2018.

[78]王小彩,宋玮．疫情冲击下金融开放与风险管理[J]．中国金融,2020(13):30-31.

[79]王旭阳,肖金成,张燕燕．我国自贸试验区发展态势、制约因素与

未来展望[J]. 改革,2020(3):16 - 139.

[80]王洋天,郑玉刚. 基于改革开放40年的中国金融业对外开放实践和启示[J]. 贵州社会科学,2018(9):11 - 17.

[81]王毅. 金融开放与中国本土存款性金融机构的发展[D]. 长春:吉林大学,2020.

[82]王应贵,胡妍斌. 德意志银行百年兴衰对国内商业银行的启示[J]. 金融与经济,2018(8):68 - 75.

[83]王运金. 资本账户开放对金融发展与稳定的影响研究[D]. 上海:上海财经大学,2020.

[84]魏革军. 发展中的陕西金融[J]. 中国金融,2019(19):131 - 133.

[85]魏勇强. 中资商业银行"走出去":挑战与对策[J]. 金融理论与实践,2018(7):42 - 50.

[86]吴少将. 金融开放、经济金融化与实体经济发展:基于空间杜宾模型的实证研究[J]. 新疆社会科学,2020(5):39 - 48,171.

[87]吴田,蒋海怡. 陕西自贸试验区的金融创新发展现状及对策研究[J]. 科技经济市场,2020(2):31 - 32.

[88]吴婷婷,高静. 自由化改革、金融开放与金融危机:来自阿根廷的教训及启示[J]. 拉丁美洲研究,2015,37(5):55 - 63.

[89]吴卫锋. 新兴市场国家在金融开放与经济增长关系中的作用:兼论对中国金融开放的启示[J]. 山西财经大学学报,2012(11):33 - 45.

[90]吴贤坚,侯雅文. 我国的金融开放与经济增长:1982—2014年:基于非线性STR模型实证分析[J]. 金融理论与实践,2017(4):53 - 59.

[91]夏丹."一带一路"战略下的商业银行业务发展契机与策略建议[J]. 新金融,2015(9):35 - 39.

[92]谢寿琼,韩健. 中国金融开放的经济增长效应研究:基于金融发展溢出效应的视角[J]. 武汉金融,2020(3):3 - 9.

[93]谢寿琼. 我国省域金融开放的空间格局研究[J]. 统计与决策,2017(6):149 - 151.

[94]邢毓静．改革开放推动深圳金融创新发展[J]．中国金融,2018(23):159－161.

[95]徐徕．金融发展影响中国经济潜在增长率的机制、效应与政策研究[D]．上海:华东师范大学,2019.

[96]许虹阳．制度视角下“一带一路”沿线国家金融开放的增长效应研究[D]．南京:南京大学,2020.

[97]薛阳．基于普惠金融导向的中国金融发展方式转变研究[D]．沈阳:辽宁大学,2018.

[98]杨红．我国商业银行发展国际业务的影响因素研究[J]．当代经济研究,2014(7):57－62.

[99]杨丽君．金融发展对中国区域产业结构优化的影响研究[D]．南京:东南大学,2019.

[100]杨小侠．陕西金融发展现状及对策[J]．中国国情国力,2009(4):29－32.

[101]杨晓璐．绿色金融对产业结构升级的影响效应分析[D]．西安:西安电子科技大学,2020.

[102]姚云．“双循环”格局下资本市场风险化解[J]．中国金融,2020(17):35－36.

[103]叶辅靖,原倩．我国金融开放的历程、现状、经验和未来方向[J]．宏观经济管理,2019(1):21－27.

[104]叶伟．金融开放、新兴经济体特征与货币国际化[D]．上海:上海财经大学,2020.

[105]尹开拓,解紫彤,谭小芬．中国金融业开放新趋势及政策选择[J]．国际贸易,2020(7):80－88.

[106]余稳策．新中国70年开放型经济发展历程、逻辑与趋向研判[J]．改革,2019(11):5－14.

[107]俞勇,郑鸿．金融开放中的基础设施建设[J]．开放导报,2020(3):22－29.

[108]袁宝林．陕西金融100年掠影(上)[J]．西安金融,1999(12):

52－53.

[109]袁宝林．陕西金融100年掠影(下)[J]．西安金融,2000(1):47－49.

[110]岳松毅．金融集聚与产业结构升级关系的区域比较研究[D]．兰州:兰州大学,2018.

[111]张发林．全球金融治理与中国[M]．北京:中国人民大学出版社,2020.

[112]张方波．CPTPP金融服务条款文本与中国金融开放策略[J]．亚太经济,2020(5):35－42,150.

[113]张广婷．国际资本流动与金融稳定性研究[M]．上海:上海社会科学院出版社,2018.

[114]张鸿义．见证金融改革开放的成功试验[J]．中国金融,2020(Z1):54－56.

[115]张杰．中国金融改革的制度逻辑[M]．北京:中国人民大学出版社,2015.

[116]张俊华,武永耿．20世纪上半叶陕西金融制度变迁研究[J]．长江大学学报(社会科学版),2011,34(9):73－74.

[117]张宽,黄凌云．金融发展如何影响区域创新质量?——来自中国对外贸易的解释[J]．国际金融研究,2019(9):32－42.

[118]张明,孔大鹏,潘松,等．中国金融开放的维度、次序与风险防范[J]．新金融,2021(4):4－10.

[119]张明珅．金融开放进程中的金融安全分析[J]．上海金融,2014(3):73－76,118.

[120]张蕊婕．绿色金融对陕西省经济高质量发展的影响研究[D]．兰州:西北民族大学,2022.

[121]张巍钰．中部地区金融发展与产业结构升级理论及实证研究[D]．长沙:湖南大学,2014.

[122]张小波,傅强．金融开放对中国经济增长的效应分析及评价:基于中国1979—2009年的实证分析[J]．经济科学,2011(3):5－16.

[123]张小波．金融开放与宏观经济波动:基于修正的“三元悖论”框架的分析[J]．西南政法大学学报,2017,19(4):103－112.

[124]张永军,高振博．陕西金融与区域经济共成长[J]．西部大开发,2019(2):38－42.

[125]张宇佳．改革开放后开放经济理论的中国化进程及创新发展研究[J]．智库时代,2020(14):1－2.

[126]章合杰,叶雯,熊德平．金融开放的经济增长效应:基于91个国家1995—2005年面板数据的实证[J]．上海金融,2015(2):9－14.

[127]赵新伟,聂建平．陕西金融发展与经济增长关系实证研究[J]．商业时代,2010(13):128－129.

[128]郑联盛．深圳金融改革创新的演进路径与经验[J]．经济纵横,2019(4):103－110.

[129]中国人民大学国际货币研究所．人民币国际化报告2020[M]．北京:中国人民大学出版社,2020.

[130]朱文莉,周玉,拜小博．陕西金融支持对经济增长效率影响的实证分析[J]．现代企业,2018(12):77－78.

[131]庄毓敏,储青青,马勇．金融发展、企业创新与经济增长[J]．金融研究,2020(4):11－30.

后　记

稳步有序扩大金融开放是我国对外开放的重要方面。“双循环”新发展格局是我国未来一段时期经济发展的首要任务，也是“十四五”时期金融改革发展的着眼点。金融开放可促进改革发展与创新、增强经济发展活力，是当前打造陕西内陆开放高地、推动陕西经济高质量发展的有力支撑和重要保障。站在新时代的陕西，应充分利用和发挥“一带一路”的机遇和优势，立足新发展理念和新发展格局的循环路径和战略基点，以内外循环相互促进为目标，结合国家重大发展战略，抓住 RCEP 签署给扩大多边贸易和投资带来的机遇，加快推动本外币一体化跨境资金池等各类创新业务，提升跨境金融综合服务能力，全方位满足境内外客户的各类跨境金融需求，促进国际贸易和投资的自由化、便利化。深度融入共建“一带一路”大格局、运用和发挥科技金融优势、构建和完善金融机构体系、建设高水平金融人才队伍并加快开放型金融的监管体制建设，着力提升金融服务能力，深化陕西金融业高水平开放，优化金融改革开放布局。形成面向中亚、南亚、西亚各个国家的通道、商贸物流枢纽、重要产业和人文交流基地，构筑内陆地区效率高、成本低、服务优的国际开放通道，构建陕西金融开放新局面，打造陕西内陆开放新高地、推动陕西社会经济高质量可持续发展。